정치 병리학

정치병리학

POLITICAL
PATHOLOGY

정 치 는 왜
애 물 단 지 가 되 었 는 가 ?

박주현 지음

도서출판 새빛
SAEVIT

차례

8장. 교육격차, 지역 격차 줄이자

9장. 누가 할 것인가?

10장. 세 가지 제안

'애물단지'라는 말은, 부모보다 먼저 죽은 자식이나 부모의 속을 썩이는 자식을 이르는 말이다. 예전에는 어린 자식이 죽으면 맨땅에 묻을 수도 없고, 관을 장만하기도 거북하니 항아리에 묻었다. 애를 태우던 무덤이라는 뜻의 애물단지는, 이미 가버렸지만 슬프기도 하고 기가 막히기도 하고 잊지 못할 아픔이기도 해서 애를 태우는 것을 이르는 말이다. 망가질 대로 망가진 정치를 모른 채 살아갈 수 있으면 좋으련만 그럴 수도 없으니, 애물단지다.

나도 우리나라 사람 대부분이 그렇듯 정치를 좋아하지 않는다. 그런데도 평생 정치 언저리에서 살았다. 대부분 정치를 싫어

하면서도 정치에 관심이 아예 없지는 않을 것이고, 혹여 관심이 없다 하더라도 정치의 영향에서 벗어날 수는 없다.

이 책은 정치학 전문 서적이 아니다. 나는 정치학을 전공하지도 않았고, 정치평론을 즐겨하지도 않았다. 칼럼을 쓰거나 방송에 출연할 때도 정책에 관해서 이야기하려 했고 정치 현상이나 정치 그 자체에 관해서는 이야기하기를 꺼렸다. 국회의원을 할 때도 정책에 최대한 집중하려고 했다.

그럼에도 국민의 한 사람으로서 정치의 영향을 많이 받았고, 내가 학생운동을 한 것도 정치운동이었으며, 시민 사회활동도 정치를 바꾸려는 활동이었다. 또한 청와대와 국회, 정부에서 일하면서 정치와 직접 부딪치며 정치의 속살을 많이 보게 되었고, 정치가 어떻게 바뀌어야 하는가, 정치를 둘러싼 정책이 어떻게 변화되어야 하는가에 대해서 고민하게 되었다. 그 고민을 함께 나누며 이야기하고 싶어서, 혹은 이야기해야 한다는 의무감에 이 책을 썼다.

국회에 있을 때 쓰기 시작했는데, 국회를 그만두니 정치를 더 이상 생각하고 싶지 않았다. 그래서 묵히고 묵혀두다가, 인생 과제임을 깨닫게 되어 결국 책을 마무리하게 되었다.

"정치가 전쟁이 되면 더 이상 경쟁이 일어나지 않아서 망한다"라는 이야기를 듣고 책을 쓰라고 권유했던 남편과, 오랫동안 시민경제사회연구소를 함께 해온 홍헌호 연구원, 정치에 관심을 끄고 묵혀두고 있을 때 이 책을 마무리할 수 있도록 도와준 새빛 출판사 전익균 대표에게 고마움을 전한다. 오랜 기간 SNS 등 온라인에서 약자의 외침 혹은 약자의 편을 드는 인기 없는 콘텐츠를 계속해 오신 강호의 고수님들께 특별히 감사드린다. 그분들이 이 시대의 진정한 운동권이라고 생각한다.

1장

양극화와
승자독식 정치

정치는 왜 양극화를 해결하지 못하는가?

정치 스스로가 양극화의 주범인 것은 아닌가?

전리품이 그대로 있는 한 승자독식 전쟁은 절대 끝나지 않는다.

승자독식 정치의 전리품은 예산과 인사, 그리고 개발이다.

전쟁 중에는 경쟁이 일어나지 않는다.

전쟁을 위한 조직에서는 불법도 불사하는 사선을 넘나드는 동지라야

핵심 인물이 될 수 있고, 아무리 실력이 있고 국민을 위한다고 해도

합리적인 혁신가는 아웃사이더에 머물 뿐이다.

다이내믹 코리아와
헬조선

우리 사회는 충분히 자부심을 느낄 만한 **역동성**을 가지고 있고 평균적인 국민 수준은 가히 세계 최고다. 외국에 가서 은행을 이용하거나 공항을 이용하거나 대중교통을 이용하거나 식당에 갔을 때 느리고 불친절하고 정확하지 못하고 지저분한 모습을 보면서 우리나라 사람들이 정말 대단하다는 것을 실감한다. 물론 상대적으로 지도층이나 상류층의 수준은 매우 낮아서 평균을 끌어내리고 있지만 말이다.

서구의 노블레스 오블리주에 해당하는 전통이 우리에게는 없다는 점이 아쉽기는 하지만, 또 한편 지도층에 대한 불신이 우리 사회의 역동성에서 기인하고 있고 또한 사회 역동성을 지속해서 만들어내고 있다는 점은 긍정적이기도 하다. 물론 지도층이나 상위그룹이 신뢰는 받지 못하면서 경제 사회적 재화를 독점하고 있으니, 문제다.

이렇듯 최고 수준의 국민을 가진 역동적인 사회인데도 사람들은 행복하지 않다.(참조 1) 다들 **헬조선**이라 부르기를 주저하지 않는다. 양극화도 심각하고 불공정이 고쳐지지 않고 있다는 불만이 가득하다. 독재정권과 연이은 보수 정부하에서 노골적으로 양극화와 차별이 진행되었는데, 개혁 정부들도 이 문제를 해결하지 못했다. 개혁 정부가 몇 차례 들어서서 민주화를 이뤘다는 자부심은 충만하고 개혁 정부하에서 적폐 청산은 진행되었지만, 양극화와 불공정은 나아질 기미를 보이기는커녕 굳어지고 있다는 데서 오는 절망감이 불행의 실체라고 본다.(참조 2)

헬조선이라는 말은 특히나 젊은이들에게서 많이 들을 수 있다. 나의 삶이 나아질 수 있고 나도 성공할 수 있다는 희망의 사다리가 보이지 않는다는 젊은이들의 절망감은, 대한민국이 가진 최고의 장점이자 특징인 '역동성'마저 지워버리고 있다는 점에서 더 본질적인 문제에 맞닿아 있다.

참조 1)

OECD 국가의 삶의 만족도 2019~2021
단위: 점/10점

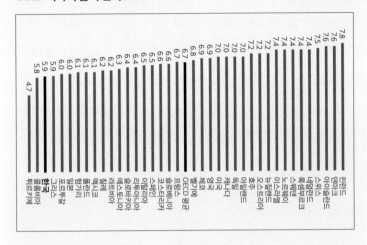

OECD는 비교적 중립적인 경제협력개발 관련 국제기구로서 유용한 국가별 통계들을 제공하고 있다.

OECD '국민 삶의 질 2023' 보고서에 따르면 우리나라 국민 삶의 만족도는 10점 만점에 5.9점에 불과했다. OECD 평균인 6.7점보다 0.8점 낮았으며, 38개 OECD 회원국 중 35위로 최하위권이다. 우리나라보다 만족도 점수가 낮은 나라는 콜롬비아, 튀르키예 등 2개국뿐이었다.

참조 2)

위 조사에서 삶의 만족도 지표 중 하나인 **사회적 불평등 지수** 또한 우리나라는 38개국 중 34위에 머물렀다.

양극화라는 말이 너무 흔하게 쓰여서 이제는 식상할 정도다. 양극화 해소를 외치는 것이 철 지난 레퍼토리를 읊는 것처럼 더 이상의 울림도 없는 것 아닌가 하는 자괴감까지 느껴진다. 양극화가 정치, 경제, 사회, 문화 할 것 없이 모든 영역에서 전방위적으로 자리 잡고 있어서 마치 기정사실 혹은 디폴트가 되어버린 듯도 하다. 어차피 신자유주의 시대에 양극화는 피할 수 없는가? 그렇지 않다고 생각해서 뒤늦게 정치에 뛰어들었고, 또 정치에서 벗어난 지금, 정치가 양극화의 주범이라고 주장하는 내부고발 비슷한 책을 쓰게 되었다.

승자독식 카르텔

대한민국 정치에 대해서 좋게 말하는 사람을 보기는 어렵다. 신뢰 수준은 최하위다. 그동안 국민은 정치에 대해 많이 비판했고 정치도 달라지려는 노력을 나름 했다. 그런데도 정치는 여전히 국민에게서 외면당하고 있다. 왜일까? 혹시 정치에 대한 비판과 달라지려는 노력이 과녁을 빗나간 것은 아닐까?

정치에 대한 비판은 무성하지만, 겉핥기일 뿐, 제대로 된 비판은 없다. 언론과 전문가들의 책임이 크다. 국민은 잘 알려진 국회의 특권에 대해 비판했고, 국민의 비판 덕분에 국회의 특권은 많이 사라졌다. 하지만, 국회의 특권이 사라진 후 양극화는 해소되고 있는가? 헬조선이 바뀌고 있는가? 아니다.

승자독식의 정치로 국회가 얻는 전리품은, 의원 개개인이 받는 세비나 업무활동비 따위가 아니다. 승자독식 정치의 전리품은 **승자 카르텔**이 독식하게 되는 **예산**과 **인사**, 그리고 **개발**과 같은 훨씬 큰 덩어리이다. 그 전리품들에 대한 권한을 청와대와 정부 고위직, 정치권이 함께 행사한다. 승리한 정치권력의 주도하에 힘 있는 기관들, 힘 있는 지역들, 힘 있는 세력들, 힘 있는 자들이 그 전리품들을 나누어 갖는다.

전리품을 독식하는 정도에 따라서 나라의 국격이 달라지고, 국민의 행복도가 달라진다. 승자 카르텔이 독식하는 정도를 OECD는 친절하게도 매년 주요 국가들을 상대로 비교표를 보여준다.

표) OECD 시장소득-가처분소득 지니계수 변화율 비교

37개국 중 순위		시장소득 지니계수 (A)	가처분소득 지니계수 (B)	시장소득-가처분소득 지니계수 변화분 (C=A-B)	시장소득-가처분소득 지니계수 변화율 (C/A)	최신 자료 OECD 집계 시점
	37개국 중윗값				35.1%	
1	벨기에	0.482	0.256	0.226	46.9%	2021
2	핀란드	0.512	0.274	0.238	46.5%	2022
3	슬로베니아	0.435	0.242	0.193	44.4%	2021
4	슬로바키아	0.384	0.217	0.167	43.5%	2021

정치 병리학

5	프랑스	0.526	0.298	0.228	43.3%	2021
6	아일랜드	0.512	0.291	0.221	43.2%	2021
7	오스트리아	0.493	0.281	0.212	43.0%	2021
8	체코	0.438	0.255	0.183	41.8%	2021
9	덴마크	0.445	0.268	0.177	39.8%	2019
10	노르웨이	0.434	0.262	0.172	39.6%	2022
11	독일	0.496	0.303	0.193	38.9%	2020
12	폴란드	0.426	0.261	0.165	38.7%	2021
13	포르투갈	0.507	0.313	0.194	38.3%	2021
14	그리스	0.503	0.312	0.191	38.0%	2021
15	헝가리	0.443	0.278	0.165	37.2%	2021
16	이탈리아	0.525	0.330	0.195	37.1%	2021
17	스페인	0.496	0.320	0.176	35.5%	2021
18	룩셈부르크	0.435	0.284	0.151	34.7%	2021
19	네덜란드	0.438	0.288	0.150	34.2%	2022
20	**일본**	**0.513**	**0.338**	**0.175**	**34.1%**	**2021**
21	스웨덴	0.439	0.290	0.149	33.9%	2022
22	캐나다	0.436	0.292	0.144	33.0%	2021
23	아이슬란드	0.369	0.250	0.119	32.2%	2017
24	에스토니아	0.465	0.321	0.144	31.0%	2021
25	영국	0.510	0.354	0.156	30.6%	2021
26	뉴질랜드	0.454	0.320	0.134	29.5%	2020
27	리투아니아	0.514	0.366	0.148	28.8%	2021
28	호주	0.441	0.318	0.123	27.9%	2020
29	라트비아	0.474	0.343	0.131	27.6%	2022
30	이스라엘	0.474	0.348	0.126	26.6%	2021
31	**미국**	**0.512**	**0.396**	**0.116**	**22.7%**	**2022**
32	스위스	0.410	0.320	0.090	22.0%	2020
33	투르키에	0.530	0.433	0.097	18.3%	2021
34	**한국**	**0.396**	**0.324**	**0.072**	**18.2%**	**2022**
35	코스타리카	0.535	0.470	0.065	12.1%	2023
36	칠레	0.491	0.448	0.043	8.8%	2022
37	멕시코	0.416	0.400	0.016	3.8%	2022

지니계수는 소득의 불균형 정도를 나타내는 수치로, 값이 0에 가까울수록 평등하고 1에 근접할수록 불평등한 것을 의미한다.

시장소득 지니계수는 국민이 생산활동을 통해 돈을 버는 과정에서 나타난 불평등의 정도이고, 가처분소득 지니계수는 세금과 재정을 통과한 후, 말하자면 정부와 정치의 영역을 통과한 후 나타나는 불평등의 정도이다. **시장소득 지니계수와 가처분소득 지니계수의 차이**가 바로 정부가 예산으로 무엇을 했는가를 정확하게 나타낸다.

시장소득 지니계수와 가처분소득 지니계수의 차이가 크면 클수록 정부예산과 정책이 **필요한** 국민과 기업에 쓰였다는 것을 의미하고, 그 차이가 작으면 작을수록 정부예산과 정책이 **힘 있는** 국민과 기업에 쓰였다는 것을 의미한다.

우리나라는 정부의 양극화 해소 역할이 유럽에 턱없이 미치지 못하는 것은 물론이고, 일본에 비해서도 53% 수준, 가장 보수적인 미국에 비해서도 80% 수준에 머무르고 있다.

예산의 소득재분배 효과가 18%에 불과하다는 것은, 제도적으로 정착된 누진세율로 인해서 **세입**에서는 기본적으로 소득재분배가 이루어지고 있음을 고려하면, **세출**에서는 소득재분배 효과가 거의 없을 수도 있다는 것을 의미한다.

전체 예산 600조 중 기초연금 20조와 기초생활보장 7.5조 등을 뺀 나머지 예산은 그야말로 승자들의 전리품이었다고 해도 과언이 아니다. 예산내용이 복지든 지역 균형이든 중소기업지원이든 환경이든 그 이름과 관계없이 그 분야에서 힘 있는 자가 그 예산을 가져갔고 소득재분배 효과는 없었다는 이야기다.

예산만 봐도 이 정도니까, 불공평하고 불공정하다는 의심을 꾸준히 받아온 인사 부분과 개발 부분을 여기에 더하면 전리품의 독식 정도는 OECD 국가 중 가장 심할 것임은 의심의 여지가 없다.

대한민국의 다른 부분이 선진국을 위협할 만큼 발전했음에도, 정부와 정치 등 공공영역의 역할은 아직 갈 길이 멀다는 것을 보여준다. 정부와 정치가 **공공**의 역할을 추구하기보다 승자독식 카르텔의 핵심이 되고자 자기들끼리 끊임없이 싸우고, 승자가 되면 마음껏 전리품을 챙기고, 그 전리품을 조금이라도 얻으려는 기업과 지역과 국민을 줄 서게 하고, 갑질을 한다. 옳지 않다. 바꿔야 한다.

프랙탈 이론

양극화와 승자독식 정치는 승자독식 경제, 승자독식 사회와 긴밀하게 연결되어 있다.

프랙탈 이론이라는 것이 있다. 바닷가의 파도 무늬를 보면 크고 작은 무늬가 똑같은 패턴으로 반복된다는 것이다.[1] 대통령중

---

1   프랙탈이란 세부 구조가 끊임없이 전체 구조를 되풀이하고 있는 현상을 말한다. 대표적인 예가 나뭇가지의 모습이다. 나무는 자라면서 큰 줄기에서 잔가지로 뻗고, 잔가지는 더 작은 가지로 뻗어 나간다. 이런 패턴은 줄기 끝부분까지 여러 차례 반복된다.
    1967년 프랑스의 수학자 베노이트 만델브로트 박사는 해안선이 아주 복잡한 구조를 지닌 것처럼 보이지만, 단계적으로 확대해 들여다보면 마치 나뭇가지처럼 비슷한 모양이 계속 반복된다는 사실을 발견했다. 그는 이런 구조를 '쪼개다'라는 뜻의 그리스어 '프랙투스(Fractus)'에서 따와 '프랙탈'이라 불렀다.
    이 같은 현상은 파도, 구름, 암석, 강, 나무 등 자연계 곳곳에서 쉽게 찾아볼 수 있다. 자연계뿐만이 아니라 사회와 역사, 사람의 됨됨이나 조직 문화 속에서도 이러한 현상을 발견할 수 있다.

심제의 승자독식 작동 방식은 재벌 대기업, 중앙정부와 지방정부, 모든 공공기관, 크고 작은 기업들, 모든 사회단체에서 그대로 모방하고 재현된다.

승자독식 정치는 수평적이고 합리적이기보다는 수직적이고 모략적인 문화를 만들어서 관료조직과 기업뿐 아니라 사회 구석구석의 모든 조직과 단위, 심지어 개인적인 작은 모임에까지 영향을 미치고야 만다. 결국 온 사회가 협력보다는 갈등으로, 연대보다는 배제를 통한 독식으로 흘러간다.

특히나 위로 올라갈수록, 권한과 이익이 많아질수록, 정정당당하게 경쟁하고 합리적으로 문제를 풀어가기보다는 소위 '정치'를 해야만 자기 몫을 찾을 수 있는 분위기가 더 심해진다. 여기에서 '정치'라 함은, 전략과 수를 쓰고 세력을 규합하고 상대를 모함하거나 쓰러뜨리고 수단 방법을 가리지 않는다는 의미를 내포하고 있다.

말하자면, 총과 칼만 안 들었지, 빨간 피를 흘리지 않는다는 뿐이지, 대한민국 구성원 대부분이 현대적 의미의 전쟁을 하고 있다.

전쟁의 와중에는 **경쟁**이 사라진다.

자본주의의 가장 큰 특징이자 장점이라 할 수 있는 경쟁은 공정하고 합리적이라는 기본 전제하에서만 가능하다. 반칙을 쓰는 것은 허용되지 않는다. 하지만 전쟁 중이라면 반칙과 야만의 게임이 허용되고 합리적인 경쟁의 룰은 부정된다. 경쟁을 통한 건강한 발전이 전쟁 중에는 일어나지 않는 것이다.

경쟁을 위한 조직에서는 서로 간의 합리적인 비판과 토론을 통해서 문제를 해결해 가지만, 전쟁을 위한 조직에서는 **사선을 넘나든 동지**가 핵인싸(핵심에 있는 사람)이며, **합리적인 혁신가**는 아싸(아웃사이더)일 뿐이다. 만약 승자독식의 조직과 사회에 살면서 합리적인 기준을 고집하고 '경우에 맞고 이치에 맞는' 행동을 해야 한다고 믿는 사람이 있다면, 그 사람은 그저 조용히 열심히 일이나 하면서 생존은 하지만 출세는 못 할 것이고, 만약 비합리적인 상황에 대해 비판하거나 개입하려고 하면 일에서 배제되거나 엄청난 스트레스에 시달려야만 할 것이다.

민주화 과정에서 우리 국민의 '합리적' 민주주의에 대한 기대는 한껏 높아졌다. 또한 젊은 세대들에게 '합리성'은 당연한 것으로 여겨진다. 어쩌면 많은 사람, 특히 젊은이들이 우리 사회를 헬조선이라고 여기는 핵심이 바로 경쟁사회가 아니라 전쟁 사회라는 것일 수 있다.

합리적인 경쟁사회를 만들려는 노력조차도 전쟁의 구도에 포획되어 진영논리로 치환되어 버리는 것을 여러 번 경험하다 보면 진저리가 날 수밖에 없다. 경쟁으로 포장하지만 사실은 전쟁이고, 합리적으로 살라고 교육받았지만 정작 결정적인 상황에서는 합리성이 배제되는, 이 이중적이고 위선적인 구조가 바로 사람들을 가장 견디게 어렵게 만드는 원흉일 수 있다.

정치는 양극화를
해소했는가?

이 책은 한국의 정치가 어떻게 양극화와 불공정의 문제를 외면하고 오히려 악화시키는 주범이 되었는가를 밝히려고 하지만, 정치에 대한 기존의 접근 방식은 가능한 한 배제할 것이다.

지금까지 정치에 대한 수많은 가십과 인물 중심의 경마식 접근들과 정치학적 제도비판들이 있었지만 전혀 정치의 문제를 해결해 주지 못했다. TV 뉴스나 신문, SNS와 전문가들이 나름의 정치분석을 해왔지만, 그 수많은 정치논쟁은 문제해결을 향해 가기보다 점점 더 진영정치, 팬덤 정치로 달려가고 있을 뿐이다.

양극단 싸움질 정치를 끝내기 위해 다당제와 선거제 개혁을 추진해서 일정의 성과를 얻어냈지만, 그것도 비례 위성정당이라는 후진적인 행태로 인해 무위로 돌아가고 말았다.

어차피 동양의 유교 전통에서는 **다당제**보다는 **선한 독재정치**로 방향을 잡을 수밖에 없는가 하는 체념까지 나오고 있다.

그래서 이 책은 정치적 허무주의에 빠지지 않기 위해서 정치 행태에 대한 논의를 유보하는 대신, 정치의 목적과 정치의 결과, 즉 정치가 양극화와 불공정을 해소했는가를 성찰하고, 실질적인 문제 해결책을 중심으로 이야기를 풀어나가려 한다.

'현재의 대한민국에서 정치가 마땅히 해야 할 역할인 양극화와 불공정 해소를 제대로 했는가?'로 '다운 투 더 포인트down to the point'했을 때 비로소 정치의 속살이 보이고 제대로 된 정치비판이 가능하며, 또한 제대로 된 정치비판이 있어야 비로소 문제해결도 가능할 것이다.

나는 정치의 한복판에 뒤늦게 뛰어들었다가 또 서둘러 빠져나왔다. 여성 변호사가 몇 명 되지 않던 시절에 변호사를 시작해서 사회활동과 방송활동을 많이 하다 보니 젊었을 때부터 정치로부터의 권유를 적지 않게 받았는데, 정치는 전쟁터이고 나 같은 사람이 가서 잘할 수 있는 곳이 아니라고 생각해서 거리를 두었다.

그러다가 나이가 들어 어쩌면 뒤늦게 철이 들면서, "어차피 승자독식의 전쟁판이 벌어져 있는데 나 개인이 살 만하다고 해서 이 판을 모른 척하고 있으면 그것 또한 비겁하다"라는 결심으로 정치판에 뛰어들었다. 이왕 전쟁에 뛰어들었으니, 약자의 편에서 열심히 싸우고자 했다.

정치에서 빠져나온 지금도 "어차피 전쟁판이 벌어져 있는데, 마치 전쟁은 없고 합리적인 경쟁이 이루어지고 있는 것처럼, 또한 정부와 정치가 공공의 역할을 제대로 해서 공평한 사회가 되고 있는 것처럼 가장假裝하는 것은 기만이고 위선이다."라는 생각에는 변함이 없다. 그런 위선은, 전쟁에서 이긴 승자들이 다수의 합리적인 국민과 기업, 힘없는 국민과 기업을 배제하고, 전리품을 독식하는 것을 수월하게 만들 뿐이기 때문이다. 어차피 예산과 인사, 개발의 막대한 전리품이 존재하는 한, 가능한 한 더 많은 사람이 최선을 다해서 전쟁에 참가해야 그나마 최악의 결과를 막을 수 있을 것이라고도 생각한다.

하지만, 전쟁에 참여하는 것은 어쩔 수 없는 대처일 뿐, 해결책이 될 수는 없다. 전쟁은 거의 모든 사람을 불행하게 만들기 때문이다. 전쟁은 승자에게조차도 잔인하다. 우리 사회의 최상위에 있는 분들이 개인적으로 그다지 행복하지 않은 것을 누누이 보면서 드는 생각이다. 전쟁에 최적화된 사람이라 해도 전쟁이 즐거울 리가 있겠는가?

결국 승자독식의 판을 바꾸는 게임 체인지가 있어야 한다.

2장

패거리 정치가
문제인가?

정치에 대한 비판은 정확하게 과녁을 맞히고 있는가?
정치에 대한 제대로 된 비판은 아직 시작하지도 못했다.

패거리 정치가 나쁜가?
줄서기 정치가 나쁘다!

줄서기는 승자독식 정치의 알파이자, 오메가다.
줄서기 정치는 비례대표를 친위대로 만들어 비례대표제도를
무력화시킨다.

대한민국 헌법상 줄서기 정치는 허용되지 않는다.

신뢰도 최하위 국회

국회에 대한 평판은 가히 꼴찌다.(참조 3) 동네북이라고 할 만큼 국회와 정치는 비판받는다. 당연하다. 할 일을 제대로 하지 못하고 있으니 말이다.

그런데 국회와 정치는 좀 억울하다고 생각할 수도 있다. 승자독식 카르텔 안에 있는 다른 구성원들, 즉 선출직이 겪는 어려움도 전혀 겪지 않고서 승자독식의 전리품을 알짜로 챙겨가는 정부와 공기업, 언론과 재벌, 사학 등에 비해서 더 노골적으로 비판받기 때문이다.

정치가 비판을 독차지하는 이유는 아마도 정치가 국민에게 직접적으로 권한을 위임받았고, 또한 승자독식 카르텔의 다른 구성원들보다 구체적으로 인물화 돼 있어서 표적이 되기 좋은 데다가 언론에 노출되는 1열에 서 있기 때문일 것이다. 그러니 조금 억울할 수도 있다.

하지만 한편으로 정치에 대한 제대로 된 비판은 아직 시작하지도 않았다고 본다. 응당 받아야 할 본질적인 비판에서 비켜나서 겉핥기 비판만을 받고 있다.

사실 국민이 국회에 대해서 콕 집어서 비판하였던 특혜 연금, 업무활동비, 방탄 국회 등은 많이 개선되었다. 맨날 싸우기만 한다는 비판도 동물 국회에서 식물국회가 되면서 상당 부분 해소되었다.[2] 국회가 일하지 않는다는 비판도 있었지만, 이제는 상황이 달라졌다. 의원들이 지역구 관리를 위해서 주말뿐 아니라 주중에도 내려가고, 발의 법안 건수도 역대 최고를 갈아치울 만큼 물리적으로는 바쁘게 움직이고 있다.

참조 3)
우리나라 공공기관들에 대한 국민의 신뢰도는 OECD 국가 중 낮은 수준이며, 특히 국회에 대한 신뢰수준은 매우 낮다.

---

2   동물 국회는 몸싸움을 일삼던 국회를 말한다. 국회의장의 직권상정을 제한하는 국회선진화법이 도입되면서 동물국회 문제는 상당 부분 해결되었다.

표) 기관 신뢰도 조사

(한국행정연구원, 「사회통합 실태조사」)

	2013	2014	2015	2016	2017	2018	2019	2020	2021	2022	2023
중앙정부	35.3	32.9	31.9	24.6	40.8	45.2	38.4	49.4	56	50	53.8
지방자치단체	44.9	39.8	42	41.6	45.3	49.8	44.9	57.1	58.5	58.8	58.6
국회	16.7	18.0	15.4	12.6	15.0	15.0	19.7	21.1	34.4	24.1	24.7
법원	41.1	37.6	35	29.8	34.4	33	36.8	41.1	51.3	47.7	48.5
검찰	38.6	36.1	34.3	27.5	31.3	32.2	32.2	36.3	50.1	45.1	44.5
경찰	45.4	40.1	40.1	37.6	40.7	41.2	36.5	46.4	55.3	49.6	51.4
군대	59.6	34.4	47.8	43.7	43.2	45.1	48	51.5	56.1	53.8	54.5

표) OECD '2023 한눈에 보는 정부'

	입법부 신뢰	사법부 신뢰	정부 신뢰
노르웨이	66.4	80.9	63.8
핀란드	52.9	..	61.5
덴마크	50.9	78.1	48.8
아일랜드	50.6	68.1	50.6
룩셈부르크	50.6	72.3	55.9
뉴질랜드	47.2	64.8	..
아이슬란드	47	52.7	50.4
스웨덴	44	56.7	39
캐나다	43.7	55.7	44.7
네덜란드	43.3	69	49.1
에스토니아	40	64.6	46.5
포르투갈	39.8	42	40.7
OECD 평균	39.4	56.9	41.4
호주	37.4	52.6	38
한국	**37.3**	**49.1**	**48.8**
영국	34.2	68.1	34.8
벨기에	32.6	51.1	31.8
오스트리아	31.1	60	25.8

이렇듯 많은 비판이 수용되었음에도 국회는 여전히 국민의 문제를 해결하지 못하고 있으며 정치의 질은 날이 갈수록 떨어지고 있다. 개혁 진영이 과반수가 된 국회는 수십 년간의 보수 정부가 악화 시켜온 양극화와 불공정 문제를 해결해 주었는가? 국회선진화법을 통과할 180석의 개혁 국회는 이 문제를 속 시원히 해결해 줄 것인가? 그렇다고 자신 있게 대답할 수가 없다. 정확한 비판과 그에 따른 적확한 변화가 필요하다.

패거리 정치는
죄가 없다

정치에 대한 오래된 비판 중의 하나가 **패거리 정치**라는 것이다. 하지만 이 비판은 정확하지 못하다. 왜냐하면 애초에 정치라는 것 자체가 패거리를 만드는 것이기 때문이다.

노동자나 농민, 상인 등이 **그룹**을 만들어 뭉치고, 또 진보나 보수, 환경 등 **가치**를 중심으로 무리를 만들고, 또 한편 생활환경과 정서를 공유해 온 **지역**을 중심으로 무리 짓는, 이 세 가지 씨줄과 날줄이 엮여서 비슷한 패거리를 만들어 서로 경쟁하고 타협하는 것이 바로 정치다.

'패거리'의 뜻은, '서로 어울려 다니는 무리'라는 '패'를 얕잡아 이르는 말이다.

패거리 정치라는 비판에는 패를 지어서 맨날 한다는 일이 자기들끼리 싸워서 전리품을 독차지한다는 비판이 들어있을 것이다. 하지만 한편으로 패거리 정치라는 비판에는 무리 짓는 것 자체를 불온시했던 군사독재의 나쁜 의도가 다분히 섞여 있다고 본다.

정치와 민주주의가 집단을 만들어서 경쟁하는 것임을 고려한다면 패거리 정치라는 비판은 스스로 모순되는 잘못된 비판이라고 보인다.

정작 정치의 잘못된 속성으로 비판해야 할 것은 **줄서기 정치**다. 패거리 자체를 비판하기보다 패거리의 내부적 행태, 외부적 행태를 비판해야 한다.

패거리의 외부적 행태가 패거리를 지어서 '전리품을 독식하려는 싸움질'만 해서 문제라면, 패거리의 내부적 행태는 '줄서기'가 점점 더 노골화되어서 문제다.

대한민국 헌법상 줄서기 정치는 허용되지 않는다.

대한민국 헌법은 제8조에서 '정당설립의 자유와 보호'에 대해서 규정하고 있다. 정치 패거리라 할 수 있는 정당을 만들 자유를 인정하고(참조 4) 상당한 국고보조금을 지급해서 활동을 지원

하고 있다.[3]

하지만, 헌법은 동시에 한 개의 조항이 아닌 한 장을 할애해서 제3장에서 '국회'에 대해 규정하고 있다. 그중 국회의원의 국회 활동에 대해 특별히 보호하고, (정당의 이익이 아닌) 국가이익을 우선하여 양심에 따라 직무를 행하도록 규정하고 있다.(참조 5)

법령도 아닌 헌법에서 이렇게 명시하고 있다는 것은, 국회의원 개개인이 정당 내의 줄서기에 동원되어서는 안 된다는 것을 국가적으로 천명한 것이고, 정치인의 정체성에서 '줄서기'라는 것을 처음부터 배제하는 것이라고 봐야 한다.

물론 정당의 당론이 있고, 정당이라는 것이 가치를 중심으로 모인 집단이라는 속성이 있으므로, 같은 정당의 국회의원들은 상대적으로 동일한 입장을 가지게 될 가능성이 높다.

하지만, 당론은 결코 국가의 이익, 국민의 이익을 넘어설 수 없고, 국회의원 개개인은 국가와 국민의 이익이 무엇인지를 양심에 따라 독립적으로 판단해야 한다. 이것을, 무려 헌법 조항에 규정한 것이기 때문에, 그 어디에도 줄서기 정치가 설 자리는 없다.

그런데, 정치가 승자독식을 통해 전리품을 얻기 위한 전쟁이 되어버리면, 패거리 정치는 곧바로 줄서기 정치가 되어버린다. 전

---

3 2024년 기준 501억 원의 정당 보조금이 지급되었고, 선거가 있는 해에는 같은 금액의 보조금이 추가 지급된다.

쟁에서 이기기 위해서는 적과의 싸움에 대처하기 위한 '일사불란'함과 적을 기어이 이기기 위해 '사선을 넘나드는' 과감함이 필요하기 때문이다. 승자독식 싸움에 최적화된 부대원이란, 상사의 지시에 대해 묻지도 따지지도 않으며, 이기려고 한다면 합법과 불법의 경계를 넘나드는 것도 불사하는 대원일 것이다.

승자독식의 정치전쟁에서는 유능하고 정체성이 확고한 자보다는, 싸움의 전장 한 가운데를 지키며 이탈하지 않는 자가 살아남을 가능성이 높다. 또한 과감한 전략에 몸을 던져 희생하는 자, 즉 불법과 탈법을 넘나드는 것을 마다하지 않고 사선을 함께 넘은 동지라야 핵인싸 정치인이 될 수 있다. 감옥에 다녀온 것이 훈장으로 여겨지는 조폭 문화까지 닮아가는 듯하다.

승자독식 전쟁정치하에서 정치인은 국가와 국민의 이익을 외면하고 정당 혹은 돈을 쥔 실질적 지배인에게 확실하게 줄 서는 경쟁을 하게 된다. 적극적으로 나서지는 않더라도 최소한 그러한 불법과 탈법에 눈을 감아야만 자리를 보전할 수 있게 된다. 적극적 줄서기냐, 소극적 줄서기냐의 선택만이 있을 뿐이다.

참조 4)

①**정당의 설립은 자유**이며, 복수정당제는 보장된다.

②정당은 그 목적·조직과 활동이 민주적이어야 하며, 국민의 정치적 의사 형성에 참여하는 데 필요한 조직을 가져야 한다.

③**정당은 법률이 정하는 바에 의하여 국가의 보호를 받으며**, 국가는 법률이 정하는 바에 의하여 정당 운영에 필요한 자금을 보조할 수 있다.

④정당의 목적이나 활동이 민주적 기본 질서에 위배 될 때는 정부는 헌법재판소에 그 해산을 제소할 수 있고, 정당은 헌법재판소의 심판에 의하여 해산된다.

참조 5) 헌법 제3장 국회

제44조

①국회의원은 현행범인인 경우를 제외하고는 회기 중 국회의 동의 없이 체포 또는 구금되지 아니한다.

②국회의원이 회기 전에 체포 또는 구금된 때에는 현행범인이 아닌 한 국회의 요구가 있으면 회기 중 석방된다.

제45조

국회의원은 국회에서 직무상 행한 발언과 표결에 관하여 국회 외에서 책임을 지지 아니한다.

제46조

①국회의원은 청렴의 의무가 있다.

②국회의원은 국가이익을 우선하여 양심에 따라 직무를 행한다.

③국회의원은 그 지위를 남용하여 국가·공공단체 또는 기업체와의 계약이나 그 처분에 의하여 재산상의 권리·이익 또는 직위를 취득하거나 타인을 위하여 그 취득을 알선할 수 없다.

그런데 하나의 변수가 있다.

정치에는 선거라는 과정이 있어서 유권자인 국민이, '국민을 위해서 열심히 일할' 사람을 뽑기 때문에 줄서기 정치가 설 자리가 없어 보이기도 한다.

하지만 불행히도, 승자독식 정치에서 정치인이 어느 쪽이 이길 쪽인지를 최우선의 기준으로 삼아 정당을 선택하는 것처럼, 유권자 또한 어느 쪽이 이길 쪽인지를 투표에서 중요한 기준으로 삼는 것으로 보인다. 뉴타운돌이, 탄돌이, 코돌이라는 말이 나오게 된 바람 선거의 경험들은 선거에서 줄을 잘 서는 것만이 최고이며 개개인의 능력과 신뢰성이 그다지 중요하지 않을 수 있다는 강력한 증거가 되어버렸다.

결국 승자독식에 최적화된 줄서기 정치는 점점 더 강화되고,

선거제 개혁조차 무력화되면서 줄서기 정치의 부작용은 점점 더 커지고 있다.

정치인들이 정치를 통해 무엇을 할 것인지에 집중하기보다 어느 쪽이 이기는 쪽인지를 찾는 데 집중하면서, 정치의 문제해결 능력이 향상될 기회는 점점 더 줄어들고 있다.

이기는 쪽이라면 정체성 따위는 중요하지 않게 생각해서 정체성이 다른 정당을 쉽게 오고 가기도 한다. 이길 만한 곳에서는 경쟁이 극심해지니, 그 경쟁을 뚫고 안착하기 위해서 조직과 보스에 충성하는 줄서기 문화가 심해진다.

비례대표가 당대표 친위부대가 되는가 하면, 팬덤정치와 패권정치가 강화되어 여론조작 혹은 선거 불공정의 의구심이 늘어나고 있다.

물론, 민주주의 자체가 위협받았던 독재 시절이나 보스정치 시절에 비하면 줄서기 정치와 선거 불공정이 상대적으로 나아졌다고 할 수 있다. 하지만, 수많은 국민의 희생과 바람으로 민주주의를 이만큼 발전시켰는데 정치가 과거로 회귀해서는 안 된다. 특히 독재의 경험이 없이 합리적이고 공정한 민주주의를 당연하게 여기는 젊은이들에게는 '상대적으로 나아졌다'라는 위안마저 없다.

개혁 정부가 여러 차례 집권하고 있음에도 패권정치와 보스

정치가 바뀔 기미가 없이 더 후퇴하는 것으로 보이는 현실은, 비단 젊은이들뿐 아니라 민주화에 앞장섰다는 자부심이 있는 평범한 386 세대에게도 절망으로 다가온다. "이러려고 우리가 젊음을 불사르고 인생을 바쳤던가!" 하는 탄식이 절로 나온다. 줄서기 정치는 명백하게 후진 정치다.

줄서기 정치와
비례대표 무력화

　줄서기 정치의 또 하나의 큰 부작용은 비례대표제도를 무력화시키고 있다는 점이다.

　우리나라는 소선거구제를 채택하고 있어서 한 국회의원이 커버할 수 있는 지역구 범위가 작다. 인구 소멸 지역에서는 대표하는 지역의 면적은 넓으나 인구가 15만 명이 채 되지 않고, 대도시 지역의 경우 인구는 20만 명 정도를 대표하지만, 면적으로 따졌을 때 예를 들어 서울 강남구를 3개로 나눈 일부 지역만을 대표한다. 대표하는 지역의 범위가 작은 소선거구제하에서는 국회의원이 주력하는 정책의 범위도 작을 수밖에 없다.

　대한민국 국회는 지역구 국회의원 중심이다. 전체 300명 중

250명 이상이 지역구 의원이고, 국회의원 선수(選數, 몇 차례 국회 의원을 했는가로 나누는 기준)에 따라 국회에서의 권한이 결정적으로 차이가 나는데,[4] 비례대표는 원칙적으로 한 차례만 하는 것이 비공식적인 관행으로 되어 있어서, 비례대표로 시작했다 하더라도 2선, 3선을 해서 힘 있는 의원이 되려면 지역구 의원이 되어야 한다.

지역구 의원의 활동은 기본적으로 지역구의 이익을 위해서 예산을 확보하고, 민원을 해결해 주고, 지역민들과 소통하면서 선거운동을 하는 것이다. 지역 내의 각종 행사에 참여하고, 각종 모임을 조직하고 운영해 나간다. 결국 국회의 정책활동도 지역민들에게 초점을 맞춰서 해나가게 된다. 그래서 국가 전체의 이익과 지역민의 이익이 충돌될 때 지역민의 이해관계를 거슬러 국가의 이익을 대표하기가 현실적으로 매우 어렵다.

결국 국가 전체 혹은 국민 전체의 이익을 위한 정책활동을 위해서는 정당이 큰 역할을 해야 하고, 국가는 정당의 정책역량 강화를 목적으로 정당에 지급하는 국고보조금 중에서 30%를 정

---

4 정당의 당대표, 원내대표, 국회의장, 부의장, 국회 상임위원장 등 주요 자리가 대부분 관행에 의해서 3선, 4선 이상의 다선 의원에게 기회가 주어진다.

당의 정책연구에 사용하도록 강제하고 있다.[5] 하지만, 전쟁 정치 하에서 정당의 정책연구원에 지급된 30%의 예산은 사실상 선거 에 대비하기 위한 여론조사에 쓰이는 경우가 대부분이고,[6] 실제 로 정책역량은 정부나 국회예산정책처 등에 의지하는 경우가 대 부분이다.

지역구 의원과 정당이 국민 전체를 위한 정책에 관심과 능력 을 쏟기 어려운 현실에서, 그나마 각 직역(職域, 직업의 영역)을 대 표하거나 시민사회를 대표하는 비례대표 의원들이 국민 전체를 위한 정책에 전념할 수 있다.

그런데 줄서기 정치하에서는 비례대표 의원들을 선택하는 것 에서도 줄을 세우고, 비례대표 의원들을 정당의 실질적 지배자 혹은 지배그룹의 직할부대처럼 만들어서 운영하게 되기 때문에, 비례대표의 취지가 점점 퇴색되고 있다.

---

5 정치자금법 제28조 (보조금의 용도 제한 등)
② 경상보조금을 받은 정당은 그 경상보조금 총액의 100분의 30 이상은 정책연구소(중간생략)에 사용해야 한다.
6 여론조사에 이렇듯 돈을 물 쓰듯 하다 보니, 돈으로 여론조사 결과를 좌지우지하는 경우도 많이 발생한다. 여론조사에 대한 의구심이 날이 갈수록 짙어지는 이유가 여기에 있다.

필자도 20대 국회에서 비례대표 의원이었다. 국회 활동 중에서 기획재정위원회와 예산위원회 활동이 중요한 핵심 활동으로 여겨지는 경우가 많다. 필자는 경제, 사회 정책활동을 오랫동안 해왔기 때문에 기재위에 지원했고, 예산위원회에 소속되어 활동하였다. 기재위에서 일부는 따로 조세소위원회에서 활동하는데 그곳에서도 활동하였다.

그런데 막상 가서 보니 기재위에 초선이, 그것도 비례 초선이 오는 경우는 드물다고 하였고, 예산소위에는 비례 초선이 더욱 드물다고 하였으며, 조세소위에는 거의 처음일 것이라고 하였다. 김종인 전 의원의 경우와 같이 비례 다선을 하는 특수한 경우가 아니면 비례 초선이 기재위나 예산위, 조세소위에서 활동하는 경우가 거의 없다는 것이다.

비례대표인 필자는 아무래도 지역구를 가진 의원들에 비해서 시간적 여유도 있고 지역구의 민원이나 이해관계에 얽히는 것도 없으니, 기재위와 조세소위 활동을 열심히 해서 많은 성과도 내었고 좋은 평판을 얻었다고 자부한다.

그런데 국회 후반기에는 다선의원에 밀려서 기재위에 들어갈 수 없었다. 다선이 되려면 지역구를 해야 하는데, 거주와 관계없이 아무 곳에나 말뚝 박고 가는 것은 적절하지 않거나 의미가 없다고 생각했고 거주지는 서울 강남구인데 소속감도 별로 없을 뿐 아니라, 지역의 이해관계와 나의 가치지향이 달라서 정책활동에 장애가 있을 수 있다고 생각했

정치 병리학

다. 결국 낙후된 고향 전북을 위해서 일하고 싶은 마음이 있었으나, 떠난 지 오래되어서 지역 기반이 거의 없고 제3당으로서 활동 기반을 만들기도 어려워서 결국 포기하였다. (물론 정치활동 자체에 대한 회의가 많아서 지역구를 포기한 것이 더 컸다)

비례대표로서 지역구 활동의 부담에서 벗어나 정책활동에 전념해서, 정부의 정책이 일방적으로 부처나 청와대에 의해서 끌려가지 않도록 견제하고 새로운 대안을 제시하는 활동을 하는 것이 무척 보람 있었지만, 비례 초선이라는 한계에 부딪혀 활동을 멈춰야 하는 것이 아쉬웠다. 나아가, 비례대표의 선발이나 비례대표 활동이 점점 더 정치싸움의 최전선에 동원되고 친위부대로 달려가는 것 같아서 더더욱 안타깝다.

3장

싸우는 정치가
문제인가?

싸우는 정치는 나쁜 건가?

정치가 국민을 위해 그토록 싸우고 있다면 어떤 국민이 싫어할 것인가?

의인 10명은 그들만의, 그들만을 위한 싸움박질 정치에서 정치와
국민을 구할 수 있을 것인가?

국민이 바라는 것은 문제를 일거에 해결해 줄 선한 독재자의 출현인가?

누구를 위한
싸움인가?

정치에 대한 비판 중 빠지지 않는 레퍼토리 중 하나가 **싸움박질 정치**다. 정치하고 있을 때 어르신들을 만나면 일성으로 하시는 말씀이 제발 싸우지 좀 말고 일을 하라고 하셨다.

그런데 불행히도 승자독식의 정치에서 가장 중요한 일은 '싸우는 일'이다. 어쩌면 뻔히 벌어지고 있는 승자독식의 정치판에서 싸우지 않고 점잔을 빼는 것이야말로 직무 유기일지도 모른다. 5·16쿠데타가 났는데 싸우지들 말라며 쿠데타를 방관한 윤보선 대통령이나, 전두환이 12·12 쿠데타와 5·18 도륙을 진행하는데 그들이 자신을 대통령 시켜줄 줄 알았다며 가만히 있던 최규하 대통령은 '싸우지 않았기 때문에' 가열찬 비판을 받아야 마땅하다.

싸우지 않는 것이 중요한 것이 아니라, **누구를 위해서 싸우느냐**가 중요한 것이다. 어차피 싸움판이 벌어져 있는데 아예 모르고 있거나 혹은 모른 척한다면 정치인으로서 자격이 없는 것이다. 싸우는 게 문제가 아니라 **그들만의, 그들에 의한, 그들을 위한 싸움**이라는 게 문제다. 이 싸움을 국민을 위한 싸움으로 바꾸어 놓아야 한다.

전리품을 놓고 벌이는 그들만의 싸움은 왕왕 전쟁이 된다. 전리품이 많을수록 '전리품을 독차지하느냐, 한 푼도 없이 쫓겨나느냐?' 하는 '모냐, 도냐?'의 전쟁으로 격화되어 반칙이 난무하는 살얼음판이 된다. 평소에는 샅바싸움 정도지만, 선거를 앞두거나 전리품을 나눌 때는 사선을 넘는 전쟁이 노골적으로 벌어진다.

만약 누가 국민을 위해 일을 더 잘할 수 있는가의 싸움이라면 굳이 전쟁까지 할 것인가? 아마 그렇지 않을 것이다. **전쟁**이 아닌 **경쟁**을 할 것이다. 전리품을 독차지하려는 선거가 아니라면 굳이 선거에서 상대편을 죽이고 불법 탈법을 넘나드는 전쟁을 할 필요는 없는 것이다.

경쟁이 아닌 전쟁을 하다 보니, 개혁 진영이 승리해도 승리 이후를 위한 준비가 되어 있지 않다. 승리를 위해 모든 것을 쏟아부은 탓에, 이기더라도 우왕좌왕하다가 초반기를 쓸려 보내고 또다시 다음 선거 전쟁을 위해서 집중해야 하니, 국민을 위한 정책을 펼칠 기회가 오지 않는다. 전쟁을 치르기에도 바쁜데 무슨 한가로이 정책을 따질 경황이 있겠는가 말이다.

의인 10명이 있는가?

승자독식의 정치에 뛰어들어, 그들만의 싸움 정치에 맞서 싸워서 전리품을 국민의 품으로 돌리는 정치인이 있겠는가? 아마 그런 정치인을 만나기는 쉽지 않을 것이다.

전리품을 둘러싼 승자독식의 정치판에서 진정으로 국민을 위해 사선을 넘나들며 싸우는 의인 10명이 있다면 우리 정치는 망하지 않았을 것이다. 이렇게 동네북이 되도록 비판의 대상이 되어 있지도 않았을 것이다.

그러나 불행히도 승자독식의 정치판에서 국민을 위하겠다는 정치인이 할 수 있는 최선은 그들과 같이 망가지지 않는 정도이고, 운이 좋다면 전리품 중 아주 일부를 국민을 위해 챙기는 것일 뿐이다. 독불장군에다가 자기 조직조차 챙기지 않았다는 좋지 않은 평판을 감수하고서 말이다. 결코 한 정치인이 나타나 이 싸움을 국민을 위한 싸움으로 판을 바꾸어 놓기는 어렵다.

그렇다면 왜 정치인들은 국민을 위해서 싸우려고 애써 보지조차 않는가? 정치가 아직도 국민으로부터 제대로 된 매운 비판을 받지 못해서라고 본다. 망가지지 않는 정도만 해도, 전리품 중 일부를 국민을 위해 챙기는 것만 해도, 대놓고 사익을 추구하거나 대놓고 줄서기를 하는 정치인보다는 훌륭하다고 평가받기 때문에 굳이 국민을 위해 사생결단 싸우는 정치인이 될 필요가 없는 것이다.

또한, 우리나라의 지도층이 매우 취약하기 때문에도 그렇다. 책 첫머리에 썼듯, 우리나라 국민의 평균 수준은 가히 세계 최고라고 자부할 만하다. 반면 우리나라의 지도층 수준은 세계 하위권이다. 능력이 탁월하지도 않고 공공심이나 도덕심이 탁월하지도 않다. 줄을 잘 섰거나 운이 좋았거나 격변의 역사 속에서 세상을 사는 방법을 좀 더 일찍 터득한 덕분에 지도층의 반열에 있는 분들이 많다. 그러다 보니 지도층의 평균 수준이 낮아서 국민을 위해 사선을 넘어 싸울 정치인들이 잘 배출되지 않는다.

나아가 국민을 위해서 나서서 싸우는 정치인이 설 자리가 없어서도 그렇다. 국민을 위해 주저함이 없는 정치인은 전리품을 위한 싸움을 하는 정치판에서 걸리적거리는 눈엣가시 같은 존재다. 이편이든 저편이든 일단 승자독식 싸움에 끼지 않겠다는 이질적인 이런 정치인들을 공동의 적으로 삼아 먼저 제거하려고 할 것이다. 그들을 제거한 후라야 본격적으로 자기들만의 싸움판을 벌일 수 있다고 생각할 것이기 때문이다.

국민을 위한 정치인은 나타나기도 어려울 뿐 아니라 나타났다고 해도 언론의 도움도 못 받고 힘을 모으지도 못하고 금세 사라질 운명이 되고 만다. 국민이 힘을 모아주려고 해도, 너도나도 국민을 위한다는 것을 내세우기 때문에 언론을 통해서 정치인을 보게 되는 국민으로서는 누가 진짜배기인지 옥석을 가리기도 어렵다. 어쩌면 이미 언론에 많이 노출되었다는 것은 현재의 승자독식 싸움에 이미 편입되어 있다는 증거일 수도 있으니 말이다.

개인적인 경험과 소회를 소개하자면 이렇다. 20대 국회 마지막 본회의가 열리는 날이었다. 마지막 본회의니만큼 시간보다 일찍 착석했고, 처리할 법안의 내용 설명도 꼼꼼히 읽으면서 투표했다. 이동통신사의 요금인가제를 폐지하는 내용의 전기통신사업법이 올라올 것이라는 기사를 전날 읽은 바 있어서 전기통신사업법 개정안을 살펴보았더니, 요금인가제를 폐지하는 내용은 없고 음란물 등을 거르는 장치를 하는 개정 내용만 있었다. 다행이라고 생각했다. 사실 통신은 전기, 수도, 교통과 마찬가지로 국

정치 병리학

민 필수재이기 때문에 국가가 직접 운용하는 것이 마땅한데, 이동통신이 발전하면서 첨단산업과 연결될 필요성으로 인해 민영화가 진행되었다. 이 과정에서 노태우 전 대통령이 사돈 집안인 SK에 좋은 주파수를 주었다는 의심을 받았고, 최근엔 노소영이 이혼 과정에서 재산 분할로 2조 원을 청구했다. 그 내용을 짐작건대 대통령직을 이용해서 이득을 주었으니 그 이득을 그 대통령의 딸이 가져가야 맞다는 것일 게다. 국민 필수재를 노골적으로 전리품으로 차지하고 네 것이니 내 것이니 하는 것을 지켜보는 국민은 속이 부글부글 끓는다. (SK 대주주 집안도 공범이니 누구의 편을 들 생각은 없다)[7]

민영화로 인해 유효한 경쟁이 일어난 것도 아니다. 이동통신 3사가 독과점을 하고 있으니, 국민으로서는 최악의 상황이다. 이 상황에서 국민 필수재인 통신 가격을 조절하는 최소한의 장치로서 30년간 요금인가제가 운용되고 있었고, 그럼에도 요금 부담이 점점 늘어나서 국민 불만이 폭증하자, 정부의 재정지원으로 알뜰폰이 출시된 바 있다. 요금인가제 폐지에 대해 시민사회단체들이 모두 일어나 반대하고 국민도 큰 우려를 하는 사안이라, 다행히도 요금인가제 폐지 내용이 철회된 것으로 생각했다. 그런데

---

7   최태원 노소영 이혼사건 항소심 판결에서도 "1990년 당시 SK그룹 경영기획실 소속이던 최태원 회장이 청와대에서 무선통신을 시연했고 사위가 아닌 일반 기업인이라면 이 같은 기회를 갖기가 어려웠을 것", "노 관장 아버지인 노태우 전 대통령이 최종현 전 회장의 보호막이나 방패막이 역할을 해 결과적으로 (SK그룹의) 성공적 경영활동에 무형적 영향을 미쳤다"고 판시했다.

그래도 찜찜해서 기사를 다시 찾아보니 요금인가제 폐지가 법사위를 통과해서 본회의에 올라온다는 것이 아닌가? 그렇다면 반대토론이 있겠지, 반대토론이 있으면 민주당을 포함한 개혁 진영의 의원들이 반대표를 던지겠지, 생각하고 있었는데 아뿔싸! 그냥 후루룩 투표에 부치는 것이 아닌가? 황급하게 반대표를 누르고 나서 결과를 보니, 나와 금태섭 의원 두 사람만이 반대표를 던지고 통과되었다. 옆에 앉아 있던 의원이 나에게 음란물을 걸러내는 좋은 법안인데 왜 반대표를 던졌느냐고 물었다. 요금인가제를 폐지하는 내용이라서 반대했다고 하자 깜짝 놀라는 것이었다. 아마 상당한 의원들이 내용을 모르고 찬성투표를 했을 것이다. 투표가 끝나고 몇몇 기자들에게 이렇게 중요한 내용이 법안 설명에조차 들어있지 않은 것은 있을 수 없는 일이라고 설명해 주었지만, 기사에 단 한 줄도 반영되지 않았다. 어차피 법안을 뒤엎을 상황이 아니라면 굳이 긁어 부스럼을 만들 필요가 없다고 여겼거나 국회에 대관 직원들이 있듯 언론에도 대관 직원들이 있어서 잘 관리했을 수도 있겠다.[8]

실토를 하자면, 국회의원들은 본회의에 올라오는 법안을 제대로 검토하지 않고 투표한다. 서너 시간 안에 100여 건의 법안을 처리하려면,

---

8 대관(對官) 직원이란, 정부나 공공기관을 대상으로 기업이나 단체에서 자신의 입장을 어필하고 정책에 영향을 미치기 위해 활동하는 사람을 일컫는다.

앞에 나가서 법안의 취지를 설명하는 의원도 대강 찬성표를 눌러달라는 말만 강조할 뿐이다. 법안을 설명하는 의원이 내용을 꼼꼼히 설명하면 대다수가 커피 마신다며 밖으로 나가버리고, 설명을 대강 생략해 버리는 의원들이 오히려 박수를 받는다.

법안의 요지를 설명하는 자료가 배포되지만, 꼼꼼히 읽어보는 의원은 드물다. 통상적으로 상임위와 법사위에서 큰 이슈들은 걸러지기 때문에 굳이 꼼꼼히 읽어볼 필요가 없다고 생각하기 때문이다. 하지만 상임위와 법사위에서 제대로 걸러지지 못하는 경우가 있고 이해관계가 다를 수 있으므로 본회의에서 투표하는 것인데, 본회의가 이렇듯 무성의하게 진행되는 것은 큰 문제다.

본회의에서 투표할 사안에 대해서 현장에서 바로 투표하지 않고 이틀 정도 생각할 시간을 주어서 그 시간 내에 온라인 투표를 하도록 하는 외국의 사례를 도입할 필요가 있다.

나는 통신사를 다시 국유화하는 것을 검토해야 한다는 의견을 낼 정도로 통신비 인상에 대해 강한 문제의식을 느끼고 있었다. 그럼에도 통신비 인상이 뻔히 예상되는 이 상황에서 고작 한 일은 기사를 검색하고 반대투표를 한 것뿐이었다. 시민사회단체와 연계해서 여당의 개혁의원들을 찾아다니고, 반대토론을 미리 신청해서 현장의 분위기를 끌어낼 토론 내용으로 반대투표를 끌어내야 했고, 최소한 투표하기 직전에라도 주변의 의원들에게 반대표를 찍으라고 소리쳐야 했지만, 그렇게 하지 못했다. 임기가 끝나는 마지막 본회의라서 의욕이 없었던 것일까? 아니다. 오히려 마지막 본회의이기 때문에 더 절박할 수도 있었는데 말이다. 요금인가제 투표 이후, 자리에 앉아서 기계적으로 찬성을 누르는 것이 더 이상 의미가 없다고 생각해서 조용히 자리를 빠져나왔다. 집에 와서 왜 내가 더 이상 싸우지 않았을까 곰곰이 생각해 보니 별 논란 없이 법사위를 통과하는 순간 이미 진 싸움인데 뭐, 하는 상황에 대한 체념과 더불어, '국회 내에서 국민을 위한 싸움 자체가 생경해서' 그런 부류의 싸움을 걸기가 매우 부담스러웠다는 핑계가 떠올랐다. 부끄러웠다.

승자독식의 정치에서 '정책'은 20% 정도의 비중밖에 차지하지 못하고(객관적인 근거가 있는 것은 아니고, 오랫동안 정책에 관여해 온 필자의 의견이다), 정책이 선택되는 것도 승자독식 싸움의 재료로서 적당한지가 기준이 된다. 아마도 그 당시 여당(더불어민주당)은 야당과 싸울 타임이 아니라고 생각했는가 보다. 또 아니면 이미 180석을 확보했으니, 혹여 요금인가제 폐지로 부작용이 생기면 다시 개정안을 내면 된다고 생각했을지도 모른다. 부디 후자이기를 바란다.

분명한 것은, 국회가 국민 다수의 이익을 위해서 정부나 대기

업 공기업 등 소위 기득권과 싸움을 벌일 가능성이 매우 낮다
는 것이다. 국회 스스로 승자독식 카르텔에 소속되어 있기 때문
이다. 몇 명 정치인의 일탈로는 이것을 바꾸지 못한다. (위악적으
로 생각한다면, 오히려 국회에 몇몇 괜찮은 정치인을 들여보내면 문제가 해결
될 것이라는 착각을 일으켜 문제해결을 방해할 수도 있다) 박용진 전 의원
을 비롯한 능력 있고 올바른 정치인들의 진심을 신뢰하지만 그렇
게 생각한다. 노회한 싸움꾼들에 의해 승자독식 정치를 캄프라
치 (분식, 분장, camouflage)하는 데 동원될 운명이라서 그렇다. 그러
니 우리나라가 승자독식의 전쟁 정치를, 국민을 위한 경쟁 정치
로 바꿀 의원 10명을 확보하는 것은 지난한 일이라고 생각한다.

선한 독재자?

혹자는 싸우는 정치를 일사불란한 정치로 만들기 위해서 선한 독재자가 정치를 하는 게 낫다고 주장한다. 우리는 민주주의 역사가 짧고, 수직적 관계를 당연시하는 유교문화 전통이 오랫동안 이어져 온 데다, 중국, 북한, 일본, 싱가포르 등 주변국들의 정치문화 영향 등으로 인해 **선한 독재자**를 바라는 국민 정서가 바뀌기 어렵다는 전망을 하기도 한다. 요컨대, '대통령 후보나 인물 중심의 정치문화'를 바꾸기 어렵고, 승자독식을 전제한 양당제와 대통령제를 바꾸는 것이 불가능하다는 것이다. 상당히 일리 있는 현실 인식이기는 하다.

나는 학문에 관해 잡식성 이력을 갖고 있다. 음대 작곡과에 가고 싶었지만 법대에 진학했고, 노동법 석사까지 마쳤지만 나이 오십이 다 되어서 대학 정책을 연구하기 위해 핀란드에 가서 교육학 박사과정을 밟았다. 땀뻬레대학에서 핀란드의 대학개혁 프로세스에 관한 연구를 진행하였는데, 흔히 외국대학에서 그렇듯 한국 대학정책과의 비교분석을 요청받아 한국과 핀란드의 대학 정책 결정 과정에 관한 비교분석 연구를 했다. 그런데 동서양을 비교하다 보니, **유교문화**가 동서양의 차이를 만드는 데 핵심적 요인 중 하나라는 것을 인정하지 않을 수 없었다. 근대화 이후 사라졌다고 생각했던 유교문화가 수직적인 조직과, 개인보다 집단을 중요시하며, 명분과 체면을 중요시하는 문화적 뿌리가 되어 대학 정책에도 깊은 영향을 미치고 있음을 알고 놀랐다.

그렇다 해도, 유교 전통이 만만한 면죄부가 되어서는 안 된다. 서양의 제도를 우리에게 맞는 제도로 현실에 맞게 발전시키는 것은 너무나 당연하다. 다만 그 교정이 국민 다수의 입맛에 맞게 변형된 것인지, 수직적 조직의 꼭대기에 있는 세력의 입맛에 맞게 변형된 것인지, 결과적으로 정책의 변형이 우리나라에서 그 목적을 이루게 했는지 아니면 왜곡시켰는지에 따라서 소위 **한국형**에 대한 평가는 갈리게 될 것이다. 이미 '한국형 민주주의'라는 이름이 독재자의 입맛에 맞춘 엉터리 중의 엉터리였음을 경험한 터라, '한국형'의 적절성 여부는 냉정하게 판단해야만 한다. 마찬가지로 유교 영향이 남아 있다고 해서 과연 민주주의제도를 취하면서 동시에 선한 독재자 통치를 용인할 수 있는지에 대해서도 엄격한 판단이 필요하다.

국민이 보고 싶은 정치의 결과는 양극화와 불공정을 실질적으로 해소하는 것이다. 동아시아의 특징과 우리나라의 역사성으로 인해 집중형 대통령제를 포기할 수 없다면,[9] 그 집중형 대통령제가 양극화와 불공정을 해소하고 대한민국 특유의 장점인 성공 사다리의 작동과 사회의 역동성을 회복하는 결과를 보여주어야 한다. 만약 그 결과를 보여주지 못하면, 나아가 구조적으로 양극화와 불공정을 해소하지 못한다면, 더 이상 한국의 현실과 역사를 운운하며 독재정치가 민주주의제도인 척해서는 안 된다.

우리나라에서 선한 독재자가 나타나서 양극화와 불공정을 해소할 것이라는 기대는 접는 것이 좋다. 왜인가? 애초에 선한 독재자라는 말이 스스로 모순될 뿐 아니라, 이겼을 때 챙길 수 있는 전리품이 너무 많고, 이 전리품들을 둘러싼 승자독식의 카르텔이 공고화되어 있어서 불행히도 한 사람의 독재자나 한 세력

---

9 제왕적 대통령제라는 말은 좀 과하다고 생각해서 쓰지 않겠다. 또한 '제왕적'이라는 표현은, 권한보다는 태도의 뉘앙스로 들리기 때문에, 권한이 집중되었는데 겉으로 드러나는 이미지는 서민적이거나 부드러운 대통령의 경우 적절한 표현이 되지 못한다.

이 이것을 뚫고 전리품들을 국민에게 돌려주는 것은 불가능하다
고 보기 때문이다.

4장

여론조작 정치

승자독식 정치의 필수품, 여론조작!

군사독재가 통치를 위해 사용하던 고문은 민주화 이후 사라졌지만,
여론공작은 댓글부대, 태극기부대와 일베 부대로 변신하여
계속되고 있다.
수십 년간 유포해 온 거짓 선전과 마타도어는 우리 사회의 건강한
발전을 가로막는 암 덩어리가 되어 있다.

언론의 경제면은 예산 사용에 대해서 매우 보수적인 태도로
시종일관했다.
국회 출입 정치부 기자들은 정책이 아닌 정치 게임에 집중하고,
세종의 정부 출입 기자들은 해당 부처의 정책을 그대로 전달할 뿐이다.
국회를 세종으로 옮겨서 정치부 기자들의 문제 감각과 정책 담당
기자들의 전문성이 화학반응을 일으키도록 해야 한다.

망국의 여론공작

　버젓이 선거라는 민주주의 절차가 있고 국민 한 사람 한 사람이 한 표를 행사하여 권력을 심판하고 견제하는 와중에, 승자독식 카르텔이 예산과 공기업 등을 통해서 전리품을 챙기는 것이 사실 만만한 일은 아니다. 공산주의처럼 언론에 재갈을 물려놓을 수도 없고 말이다. 이 어려움을 뚫고 가기 위해 여론조작이라는 방법이 동원된다.

　흔히 여론공작이나 마타도어[10]는 정치에서 상대편을 해치기

---

[10] 스페인어 Matador는 '죽이는, 살해하는'이라는 뜻을 가지며, 투우 경기 맨 마지막에 나와서 소의 숨통을 끊는 투우사를 의미한다.
　'마타도어'라는 말은 선거에서 마지막 결정적인 한 방의 흑색선전을 의미하는 뜻으로 쓰여왔으나, 현대에 이르러, 특히 우리나라에서는 각 분야에서 경쟁상대방에게 타격을 주기 위해 거짓된 혹은 과장된 말을 퍼뜨리는 일상적인 의미로 확대되었다.

위해서 하는 흑색선전으로 알려져 있다. 하지만 정작 중요한 여론공작은 승자독식 카르텔 전체가 예산 등 전리품을 차지하기 위해 은밀하고도 지속해서 유포하는 거짓 선전이다.

박정희는 71년 대선에서 김대중 후보에게 사실상 패배하고 나서 유신을 선포하고 무자비한 독재 시대를 열었고, 독재를 유지하기 위한 수단으로 국가정보기관을 통한 여론공작에 나섰다. 칼과 펜은 지배를 위한 무기의 쌍벽을 이룬다. 일본이 우리나라를 지배할 때 무력 통치와 문화통치라는 수단을 썼는데 군사독재는 고문과 여론공작을 한꺼번에 사용하였다.

민주화 이후 고문은 사라졌지만, 여론공작은 이명박 정부 이후에도 댓글부대, 태극기부대와 일베 부대로 변신하여 통치를 위한 주요 수단으로 사용됐다.

그들과 그들의 후예들이 수십 년간 유포해 온 거짓 선전과 마타도어는 우리 사회의 건강한 발전을 가로막는 **암 덩어리**가 되어 있다. 그렇게 차별과 배제와 소외를 통해 승자의 세상을 유지하려는 마타도어는 밥상머리 교육과 성숙하지 못한 언론 지형을 통해 아직도 기승을 부리고 있다.

개인이나 집단에 부정적 네이밍을 하고 왕따를 하고 짓밟는 행위는 세상에서 가장 용서되기 어려운 악랄한 범죄라고 생각한다.

박정희의 '공'과 '과'가 있겠으나, 가장 큰 해악은 김대중 대통령에게 사실상 패배한 71년부터 호남이라는 한 집단을 향해 본격적인 마타도어를 시작해서 죽을 때까지 지속했다는 점이다.

그 후로 몇몇 대통령과 정치집단들이 박정희가 손수 시범을 보인 '저수지(정치자금)를 만들어 사병私兵을 두고 경쟁자와 경쟁집단을 물어뜯고 짓밟는 저질 정치'를 따라 한 결과, 우리나라에는 경쟁이란 이름으로 마타도어를 정당화시키는 집단이 양산되었다. 대한민국의 가장 큰 불행이라고 본다.(전두환은 스케일을 키워서 오프라인에 나와 집단 살상을 하기까지 했다)

'남을 공격하는 것이 취미이자 특기, 생존 스킬이자 일자리'인 소위 사병 댓글부대가 여야를 불문하고 버젓이 활동하고 있다는 생각을 하면 오싹해진다. 대명 천지에 결코 있어서는 안 될, 인간임을 포기한 이런 행위는 결단코 용인해서는 안 된다.

민주화가 되고 국민의 개혁성이 높아지면서 터무니없는 마타도어와 편견은 많이 사라지고 있다. 하지만, 경제와 정책영역에서의 거짓 논리는 '전문성'이라는 가면을 쓰고 아직도 맹위를 떨치고 있다. 복지를 확대하고 국민에게 직접 예산을 주면 도덕적 해이가 일어나서 경제가 무너진다거나, 그런 인기 영합 정책을 펴면 남미처럼 나라가 망한다는 오래된 선전이 바로 그중 하나이다.

임대주택에
웬 외제 차?

　　애초에 언론의 경제면은 예산 사용에 대해서 매우 보수적인 태도로 시종일관했고, 예산을 정하는 때가 되면 어김없이 "임대주택에 웬 외제 차?"[11]라는 커다란 헤드라인을 뽑고 사진을 게재해서 복지 예산을 줄이기 위한 노골적인 개입을 해마다 반복하곤 했다. "현금을 지급하면 남미 꼴 난다."[12]라고 겁박하며 현금 지급을 포퓰리즘으로 몰아세우는 기사도 기회가 있을 때마다 반복적으로 게재해서, 온 국민이 예산 이야기만 나오면 아는 척하

11　신문 기사 2005. 9. 27. '국민임대 살며 외제 차 몬다.', 2012. 10. 8. '영구임대주택에 외제 차 즐비, 왜?', 2019. 9. 17. '영구임대주택 살면서 외제 차 끄는 얌체족들', 2023. 10. 16. '영구임대주택 살며 고가 외제 차 모는 입주자', 2024. 10. 2. '벤틀리 몰면서 서민 코스프레', 등

12　신문 기사 2015. 12. 8. '흥청망청 쓴 대가 톡톡히 치르는 남미의 포퓰리즘', 2019. 2. 18. '끝없이 반복되는 고질병 퍼주기식 포퓰리즘', 2023. 10. 18. '자원 부국을 망국으로 빠뜨린 현금 퍼주기… 남미 전철 밟지 말아야' 등

는 레퍼토리가 되었다. 7~80년대 개발 시대에는 그럴듯한 선전이었을지 몰라도, 97년 외환위기 이후, 더구나 3만 불 시대에는 싹 사라져야 했을 거짓 선전들이다.

승자독식 대통령 집중제와 양당 구도를 유지하기 위해 "다당제와 내각제는 혼란을 일으켜서 북한에 먹히게 만든다."[13]라는 여론조작도 오랫동안 반복되어 온 메뉴 중 하나다. 민주적인 내각제였던 제2공화국을 박정희 세력이 쿠데타로 뒤집으면서 시작된 내각제 마타도어는 독재가 사라진 후에도 승자독식 구도를 유지하기 위한 도구로 충실하게 사용되었다.

민주화 이후에 권력을 동원하는 방법이 불가능하게 되자,[14] 여론전이 승자독식 싸움의 주요 수단으로 떠올랐다.

언론과 포털은 권력의 주요 파트너가 되거나 스스로 권력의 핵심으로 편입되었다. 합리적인 사회를 위한 최후의 보루라 할 수 있는 언론이 승자독식 게임의 중요 방편으로 편입되는 한편으로 상업화와 신자유주의의 광풍에 휩쓸렸다. 그 결과 합리주의 따위는 한가한 신선놀음으로 취급되면서 언론은 사나워졌고, 그

---

13 신문 기사 1990. 5. 30. '내각제 개헌 혼란만 가중', 1995. 4. 28. '내각제론의 허구성' 등
14 2024. 12. 3. 시대착오적인 계엄이 선포되었으나, 실시간 생방송을 온 국민이 지켜보면서 6시간 만에 종결되고 말았다.

것에 매일매일 노출되는 국민도 함께 사나워졌다.

인간은 고등동물이다. 동물의 한 종이지만 한편으로 교육과 문화를 통해서 함께 살아가는 법을 배우고 동물들 간의 관계와는 다른 인간관계를 맺기 위해 노력한다. 동물성이 아닌 인간성을 만들기 위해 애를 쓰는 가장 중심에 교육과 언론이 있다. 교육을 통해서 먹고사는 방법을 배우기도 하고 언론을 통해 재미있는 여가를 보내기도 하지만, 교육과 언론의 근원적인 기능과 기대되는 역할은 인간이 동물과 같은 약육강식이 아닌 합리적인 공존 사회를 만들기 위해 부단히 노력하기 위한 마당을 제공하는 것이다. 유럽에서는 68 학생운동이 휩쓸고 지나간 후, 거기에 참여했던 사람들이 교육과 언론에 진출해서 자신들이 희망했던 사회를 만들어 가고자 했다. 그것이 70년대 이후의 성숙한 선진 유럽을 만드는 데 결정적으로 이바지했다고 평가되고 있다.

정치 기자,
정책 기자

　우리의 언론이 양극화와 불공정이라는 핵심 문제해결에 더 이바지하기 위해서는, 근본적으로 승자독식의 정치가 바뀌고 그에 따라 정치를 다루는 언론도 함께 바뀌어야 하겠지만, 우선은 국회를 세종으로 옮겨서 정치부 기자와 정책 담당 기자들이 섞이도록 하는 것이 필요하다.

　국회에 출입하는 정치부 기자들은 정책에 대해서 모른다. 승자독식의 정치전쟁에 출정한 선수들이 누구고 누가 대장이고 어떤 전략을 펴고 있으며, 싸움이 어떻게 진행되고 있는지에 관한 소위 '경마식 보도'만으로도 정치부 기자들이 해야 할 일은 차고 넘친다. 게다가 그런 보도는 스릴 넘치기까지 한다. 그 기자들에게 양극화와 불공정을 정치가 어떻게 해결할 것인지에 관해 물으면 "아무개가 이기면 그 문제가 해결되지 않겠느냐?"라고 대답한다. 한마디로 아무런 관심이 없는 것이다.

그에 비해 세종에 있는 정부 부처 출입 기자들은 해당 부처의 정책들에 대해서 세세하게 파악하고 있다. 하지만, 정부 부처에서 내는 보도자료를 바탕으로 정부 부처의 입장을 그대로 전달할 뿐이다. 한마디로 문제의식이 없는 것이다.

10월 말쯤 3주간 진행되는 국정 감사 기간 중에나 반짝 정치의 '문제의식'과 정부의 '정책'이 섞이면서 국민이 관심을 가질 만한 내용들이 나오기는 하지만, 온갖 데서 한꺼번에 떠들어대니 그중에서도 자극적인 이슈 몇 가지만 쟁점이 되고 곧바로 예산 정국으로 바뀌어 순식간에 그 이슈들조차도 사라져 버리고 만다. 3주간의 반짝 장이 섰다가 49주간은 또 먹통이 되는 것이다.

국회를 세종으로 옮겨야 한다. 그래서 정치부 기자와 부처 담당 기자들이 1년 내내 함께 섞이면서 정치부 기자들의 문제 감각과 정책 담당 기자들의 전문성이 화학반응을 일으키도록 해야 한다. 그래야 현재의 정치 지형 아래에서 그나마 정치와 언론이 양극화와 불공정을 해결하기 위해 역할을 할 수 있게 될 것이다.

정치 병리학

5장

전리품을
회수하자

전쟁 정치를 끝내기 위해 전리품을 회수해야 한다.

예산이 얼마만큼 국민을 위해서 쓰이는지를 나타내는
시장소득 지니계수와 가처분소득 지니계수의 차이를
현재의 18% 초반에서 최소한 일본 수준인 30% 초반까지 올려야 한다.
이를 위해 보편적인 기준에 의한, 소득 차등적인 방식의 현금 급여를
지금보다 훨씬 더 늘려야 한다.

개발 시대의 수출주도 성장과 부채주도 성장, 이윤주도 성장으로는
더 이상 발전하지 못한다. 소비주도 성장, 혁신주도 성장으로
바꿔야 한다.

문재인 정부의 소득주도성장은 임금주도성장이 되면서 실패했다.
예산 600조의 소득재분배를 통해 소비를 활성화하는 데 주력해야 했다.

코로나19는 국민을 위한 예산으로 가는 분기점이 될 것인가?

예산은 누구의 것인가?

해결책은 이것이다. 전리품을 회수하는 것이다. 모두 벌 떼같이 달려들어서 전리품을 해체하지 않는 한 승자독식으로 인한 양극화는 해결되지 않는다. 우선 대표적인 전리품들인 예산, 인사, 개발 중 예산부터 국민이 달려들어서 응당한 몫을 차지해야 한다.

예산이 얼마만큼 국민을 위해서 쓰이는지를 나타내는 **시장소득 지니계수와 가처분소득 지니계수의 차이**가 현재의 18% 초반에서 최소한 일본 수준인 30% 초반까지 갈 수 있게 해야 한다. 그러려면 **기초연금**과 같이 '저소득층에 더 주는 현금 급여'를 지금보다 훨씬 더 늘려야 하고, 65세 이상뿐 아니라 필요한 전

국민에게 확대해야 한다. **보편적인 기준에 의한, 소득 차등적인 방식의 현금 급여**가 가장 국민 친화적인 예산이자 양극화 해소 효과가 높으며, 승자독식 카르텔의 갑질을 끝낼 수 있는 예산이다.

국민에게 보편적이고 객관적인 기준에 의해서 직접적으로 현금이 지급되게 되면, 승자독식 카르텔이 개입하거나 정부가 갑질할 여지가 줄어든다. 선진국의 예산은 대체로 단순하며 이런저런 사업과 지원 대신 국민에게 보편적인 기준에 의해서 현금을 지급하는 비중이 매우 높다. (참조 6)

우리나라는 OECD 국가에 비해서 공공 사회복지 지출 규모도 작고, 국민연금 보험료율도 최하위권이며, 연금 외의 공공복지 중 현금 급여 비중 또한 매우 낮다.

현재 우리나라 예산 중 소득재분배 효과가 가장 큰 것은 기초연금과 **근로장려금**과 **자녀장려금**이다. 하지만 기초연금은 65세 이상에만 적용된다. 근로장려금은 근로자에게만 적용되는데 우리나라에서는 자영업자 비중이 워낙 높아서[15] 근로자에게만 적용되는 제도는 소득재분배 효과에 한계가 많다. 자녀장려금도

---

[15] 경제협력개발기구(OECD)에 따르면 한국의 '15세 이상 취업자 대비 자영업자 비율'은 23.2%(2023년 기준)로 OECD 국가 중 5위다. 더 높은 나라는 콜롬비아, 멕시코, 칠레, 코스타리카뿐이다. 일본은 9.5%, 독일은 8.4%, 미국(2021년 기준)은 6.6%로 자영업자 비율이 매우 낮다.

정치 병리학

참조 6)

2022년 OECD 38개국 국민연금 보험료율 비교

단위: %

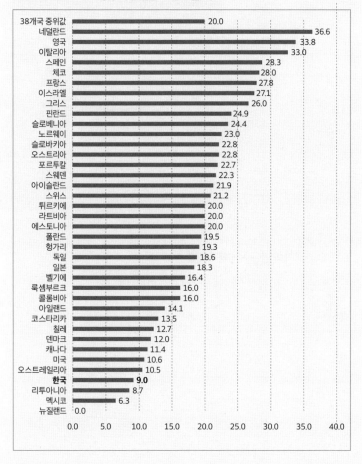

OECD 회원국과 한국의 연금 외 공공복지 분야 현금 급여 비중 단위: %

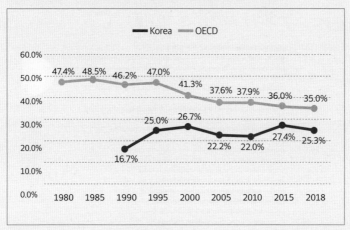

표) OECD 국가의 공공 사회복지 지출

국가별	2018	2019	2020	2021	2022
아시아					
대한민국	10.9	12.3	14.4	14.9	14.8
이스라엘	16.0	16.1	20.1	18.3	-
일본	22.2	22.8	24.9	-	-
튀르키예	11.8	12.4	-	-	-
북아메리카					
캐나다	18.0	18.8	24.9	-	-
멕시코	7.1	7.4	-	-	-
미국	18.2	18.3	23.9	22.7	-
남아메리카					
칠레	11.5	11.7	15.1	19.6	-

정치 병리학

유럽

오스트리아	27.6	27.7	31.1	31.1	29.4
벨기에	28.4	28.2	32.3	29.7	29.0
체코	19.1	19.5	22.6	22.5	22.0
덴마크	28.5	28.4	29.3	28.3	26.2
에스토니아	17.5	17.9	19.8	18.4	17.2
핀란드	29.4	29.4	31.0	30.3	29.0
프랑스	31.0	30.7	34.9	32.7	31.6
독일	25.3	25.6	27.9	27.6	26.7
그리스	25.0	25.1	27.9	26.1	24.1
헝가리	18.6	17.6	18.5	18.1	17.2
아이슬란드	17.8	18.7	23.0	22.3	20.8
아일랜드	13.5	12.9	15.7	14.2	12.8
이탈리아	27.5	27.7	32.6	30.7	30.1
라트비아	16.1	16.5	18.5	19.8	19.7
리투아니아	16.4	17.0	21.1	18.7	19.8
룩셈부르크	21.0	21.6	23.9	21.6	21.9
네덜란드	16.3	16.3	18.9	18.7	17.6
노르웨이	24.2	25.3	28.2	24.4	20.7
폴란드	20.5	21.2	23.2	22.6	22.7
포르투갈	22.5	22.3	25.1	24.8	24.6
슬로바키아	17.2	17.5	19.8	19.6	19.1
슬로베니아	21.3	21.5	24.5	23.7	22.8
스페인	24.0	24.6	31.2	29.5	28.1
스웨덴	25.6	25.1	25.9	24.9	23.7
스위스	16.0	16.1	19.3	18.0	17.0
영국	19.7	19.5	22.5	22.1	-
오세아니아					
오스트레일리아	16.6	20.5	-	-	-
뉴질랜드	19.5	23.6	22.0	20.8	-

자녀가 있는 사람에게만 적용되기 때문에, 보편적인 제도가 되기에는 한계가 있다.

경제가 한참 발전하기 시작하는 개발 시대 초기에는 보편적인 현금 급여보다는 잘 나가는 기업에 몰아주는 선택적인 지원이 필요했을 수 있다. 가난한 집안을 일으키기 위해 큰아들에게 집중적으로 지원해서 일단 출세시킨 후, 그 큰아들이 동생들과 집안을 거두고 이끌도록 하는 것이 가난한 집안 식구들을 건사할 유효한 전략이었듯이 말이다.

그런데 이제 대한민국 경제는 개발 시대를 한참 지났고, 소위 트리클다운효과[16]는 더 이상 일어나지 않는다. 더구나 저성장, 저소비가 일상적인 된 **뉴노멀**[17]의 시대에는 더 이상 잘 나가는 쪽에 예산 몰아주기 방식으로는 경제를 이끌어갈 수 없다.

예산은 마땅히 소비성향이 큰 저소득층과 서민들에 대한 지원을 획기적으로 늘리는 데 쓰여야 한다. 그 예산으로 내수 소비도 살리고 경제도 살리는 선순환 정책을 진작에 선택해야 했다.

---

16 낙수효과: 정부가 대기업을 지원하면 그 효과가 아래로 흘러내려 중소기업과 국민을 먹여 살린다는 의미다.

17 시대변화에 따라 새롭게 부상하는 표준을 의미하며, 2008 글로벌 경제위기 이후 저성장, 저소비, 높은 실업률, 고위험, 규제강화, 미 경제 역할 축소 등이 세계 경제에 나타날 뉴노멀로 논의되고 있다.

정치 병리학

저소득층은 돈이 들어오는 대로 소비하는 데 비해 (1분위의 평균소비성향은 208%다), 고소득층은 돈이 추가로 들어와도 돈을 쓰지 않는다. (10분위의 평균소비성향은 55%에 불과하다) 예산이 양극화를 해소하는 역할을 해야 사회의 총소비가 늘어나고 경제발전이 가능한 이유다. (참조 7)

그런데도 아직도 저개발시대의 몰아주기 예산이 반복되고 있는 것은, 전리품을 놓치지 않으려는 기득권 카르텔의 사악한 욕심이라고밖에는 설명되지 않는다. 가난한 집안에서 동생들은 공장에서 고생하는데, 소 팔고 집 팔아서 큰아들에게 몰아줘 번듯하게 성공시켜 놓았더니, 큰아들이 이제 가족 챙기는 건 쥐꼬리만큼 생색낼 정도만 하면서 부모와 동생들 남루하다고 무시하고 아직도 더 성공해야 한다며 부모가 가진 쌈짓돈마저 가져가겠다고 하면, 이때 부모는 단호하게 큰아들에게 그동안 지원했던 것을 따져서 돈을 받아내고 쌈짓돈까지 합해서 그동안 희생했던 동생들을 챙기는 것이 마땅하다.

이것은 마땅히 그래야 한다는 정의의 문제만이 아니다. 이제 우리의 경제단계에서는 총소비를 확대하지 않으면 더 이상 경제발전의 모멘텀을 만들어낼 수가 없다.

참조 7)

소득 5분위별 평균소비성향

자료: 통계청

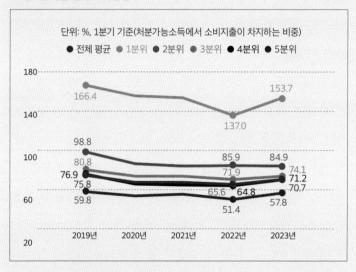

단위: %, 1분기 기준(처분가능소득에서 소비지출이 차지하는 비중)

● 전체 평균 ● 1분위 ● 2분위 ● 3분위 ● 4분위 ● 5분위

2023년 소득분위별 평균소비성향

단위: %

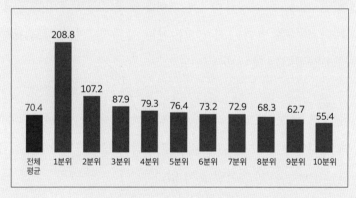

코로나19와
재난지원금

불행 중 다행으로 코로나19가 가져온 특별한 상황이 변화의 실마리를 만들어 놓았다. 재난지원금이 바로 그것이다.

사실 지난 코로나 국면에서 예산지원이 가장 필요한 대상은 매출액과 소득액이 급속하게 감소한 소상공인과 자영업자, 그리고 실직한 취약 근로자들과 일감이 사라진 프리랜서들이었다. 독일과 프랑스에서는 매출액과 소득액이 급감한 소상공인들에게 수백만 원, 심지어 수천만 원에 이르기까지 재난 수당을 지급했다. 대출이 아닌 현금 지급을 한 것이다.

우리나라에서도 코로나 예산을 통해서 매출액과 소득액이

표) 주요국 코로나19 재난지원금 현황　　　　　　　　자료: 국회예산정책처

구분		대상금액	지급방식
한국	보편지원	40만~100만 원(가구원 수별)	신용 체크카드, 선불카드, 상품권
일본		1인당 114만 원	계좌 송금
홍콩		1인당 160만 원	세부계획 미발표
싱가포르		52만~104만 원(소득별)	계좌 송금, 수표 발송
미국	선별지원	1인당 148만 원, 자녀 1인당 74만 원(납세자 94%)	계좌 송금, 수표 발송
독일		프리랜서, 자영업자 등에 3개월 운영비	
이탈리아		노동자에게 최대 9주 동안 급여 80%	
캐나다		노동자, 자영업자 중 저소득층에게 매주 45만 원	
오스트레일리아		연금, 사회급여 수급자 등에게 62만 원(2회)	

급감한 직접 피해자들에 대한 집중지원을 최우선으로 시행해야 했다. 예산이 한정된 상황에서는 광범위하게 소비를 살리는 대책보다 피해자에 대한 정확한 집중지원이 최선이기 때문이다.

　그런데도 나는 선별적 재난 수당에 앞서 보편적 재난지원금이 먼저 논의되고 시행되는 것에 반대하지는 않았다. 국민에 대한 직접적인 현금 급여로 예산이 전환되는 중요한 계기라고 본 것이다. 코로나로 인한 직접적인 피해자에 대한 집중지원이 우선되어야 하지만, 모처럼 찾아온 예산혁신의 기회를 놓칠 수는 없는 일이었다. 수용해야 한다고 생각했다. 역설적으로, 코로나로 인한 참담한 어려움 속에서 예산을 승자독식 카르텔의 전리품에서 빼낼 수 있는 결정적인 계기가 마련되었다고 보았다.

나는 코로나 추경을 위한 예결위 간사를 맡아서 재난수당과 재난지원금 정책을 강하게 추진했다. 소상공인, 청년 세력 등과 기자회견, 토론회 등을 열었고, 예결위 질의에서 총리와 부총리를 향해 강하게 어필했다. 결국 대한민국의 역동성이 다시 한번 빛을 발하면서 재난지원금이 전격적으로 도입되었다.[18]

　미국과 일본을 비롯한 보수적인 국가들도 앞다투어 재난지원금을 시행한 것이 큰 도움이 되었다. 이제 이것으로 우리 사회에 수십 년간 덧씌워져 있던 "현금을 나누어주면 도덕적 해이가 일어나고, 남미국가처럼 망한다. 현금 지급은 추악한 포퓰리즘이다."라는 저주와 마타도어가 벗겨질 것인가? 이제 예산이 승자독식 카르텔의 전리품에서 한 발을 확실하게 뺄 것인가?

　우리는 코로나 지원금을 통해서 그동안 기재부와 경제계가 전가의 보도처럼 내세웠던 전통적이고 보수적인 경기 활성화 정책들, 즉 금리인하와 부동산경기 활성화, 세금 감면과 규제 완화가 아닌 전혀 새로운 방식의 소비 활성화 정책을 경험했고, 직접적인 현금 지급이 어떻게 소비 활성화에 이바지하는지, 어떻게

18　하지만 국민에 대한 보편적인 현금 급여라 해도 충분한 예산을 확보하기 전까지는 기초연금과 같이 소득 차등적인 방식으로 시작했어야 했다.
　물론 궁극적으로는 모든 국민에게 같은 조건으로 지급하는 아동수당 방식으로 수렴하는 것이 마땅하지만 말이다.
　이도 저도 아닌 88%의 국민에게 같은 액수로 지급하는 것으로 결정된 것도 아쉬운 대목이다.

국민에게 도움과 희망을 주는지를 잠깐이나마 체험했다. 플라톤의 동굴에서 한 번 나와 본 사람은 그 이전과 같은 방식으로 살아갈 수 없다.

코로나 재난은 보편적인 현금 급여라는 고리를 통해 이전과 이후의 예산을 확연하게 가르는 분기점이 되었다고 믿고 싶다. 이 경험을 통해 수십 년간 경제위기 때마다 위기를 방패 삼아 반복되었던 보수 반동적인 경제정책들이 앞으로는 더 이상 소환되지 말아야 한다.

소주성 논란

    문재인 정부가 들어선 후, 소위 **소주성** 논란이 있었다. **소득주도성장**을 줄여서 '소주성'이라고 불렀고, 보수진영에서는 소주성을 주요 공격 대상으로 삼았다. 특히 최저임금 인상으로 소상공인들의 어려움과 불만이 높아지자, 이를 근거로 소득주도성장이 경제를 망쳤고 혁신주도성장을 해야 한다면서 정부를 몰아붙였다.

    하지만 이 논란에서 국민은 어느 쪽에도 손을 들어주기가 어려웠다. 개혁 정부가 내세운 소주성이 서민들에게 좋은 결과를 가져다주지 못했고, 보수 야당이 내세우는 혁신주도성장도 케케묵은 대기업 몰아주기 이상을 내세우지 못했기 때문이다.

문 정부가 경제 패러다임의 전환을 시도한 것은 적절했다고 본다. 수십 년 동안 전가의 보도였던 보수적인 경제 활성화 정책이 더 이상 긍정적인 효과는 미미하고 부작용만 심각해지고 있었기 때문이다.

개발경제 시대 이래 정부는 **수출주도성장**과 **부채주도성장**, 그리고 **이윤주도성장**을 추진해 왔다. 수출주도 성장을 위해 고환율을 유지했는데 고환율은 수입 물가를 인상하게 만들면서 서민들이 그 고통을 분담하였음에도 수출기업들은 점차로 공장을 해외로 옮기면서 수출주도성장은 한계에 부딪혔다.

부채주도 성장은 금리인하를 통해 소비와 투자 활성화를 추진하는 것으로서 상당 기간 경기 활성화 대책에서 약방의 감초 같았다. 하지만 양극화로 인해서 구매력과 소비가 줄어든 상황에서 금리인하는 소비를 늘리지 못한 채 부동산가격만 올리면서, 가계부채가 1,800조로 급격히 늘어나는 부작용만 만들었다. 부채주도 성장의 또 하나의 레퍼토리는 부동산경기 활성화인데, 이를 위해 각종 세제 혜택을 주고 대출을 풀었으나, 그 대가는 부동산 가격상승과 자산 양극화라는 자본주의의 가장 치명적인 단점만 노출하고 말았다.(참조 8)

참조 8)

개발 시대와 뉴노멀 시대의 성장전략

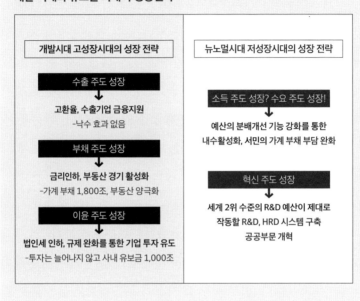

마지막으로 정부는 이윤주도 성장을 위해 기업들에 규제 완화와 법인세 감면, 각종 세금 공제 혜택을 줌으로써 투자를 유도해 왔지만, 이제 저성장의 뉴노멀시대의 소비침체 속에서 아무리 기업에 예산지원을 해도 더 이상 투자는 늘어나지 않고 기업의 사내 유보금만 쌓이는 현상이 일어났다. 또 이 돈은 부동산에 몰

려서 집값 상승과 자산 양극화만 심화시켰다.[19]

이제 세 차례나 개혁 정부가 들어섰고 우리 경제가 선진국 문턱에 와 있음에도 개발 시대의 철 지난 보수 경제정책이 지속된 데는 개혁 진영의 관심이 정치 민주화나 노사관계에 머무른 탓이 크다. 문재인 정부 들어서 소득주도성장을 내세운 것도 노사관계 중심의 정책대안에 머문 한계를 드러낸 것이다. 이름은 소득주도성장이었으나, 실질은 임금 주도 성장이었기에 문제를 제대로 해결할 수 없었다.

왜 임금 주도 성장으로 양극화를 해결할 수 없는가? 정부가 스스로 결정할 수 없고 민간을 움직여야 하는 정책은 효율성이 떨어지기 때문이다. 정부는 먼저 자신이 주도적으로 결정하고 집행하는 600조의 예산과 공기업을 비롯한 공공기관들을 통해서 목표를 달성해야 한다. 정부와 정치는 마음만 먹으면 예산과 세금 등 정책들과 광범위한 공공부문을 통해서 양극화와 불공정을 해소하는 것이 가능하다. 또 그것을 하는 것이 바로 정부와 정치의 역할이자 존재 목적이다.

---

19 2023년 현재 30대 재벌의 사내 유보금만 해도 1,000조 원에 이른다.

물론 노사정 협상을 통해서 임금에 개입하는 것은 선진국에서 통상적으로 일어나는 일이다. 하지만, 노사정 협상의 역사가 짧아 노조 조직률이 15%에 미치지 못하고 중산층 이상의 대기업 노조가 중심이 되는 데다, 자영업자 비율이 선진국의 두 배에 가까운 우리나라에서는 노사정 협상과 임금 조정을 통해서 양극화를 해소할 가능성은 높지 않다. 부작용과 의도하지 않았던 효과를 낼 수도 있다.

더구나 정부가 '직접' 결정하고 집행하는 예산에 비해서, 민간에 '개입'하는 정책 수단은 효율성이 낮다. 사랑받는 것보다 사랑하는 것이 100배 쉽다는 이야기가 있다. 사랑하는 것은 내가 하는 것이기 때문에 내가 결심만 하면 되지만, 사랑받는 것은 타인의 행동을 기다려야 하므로 그 성공 확률이 매우 낮다는 것이다.

정부가 민간을 움직이기 위해서는 필요한 규제를 하나하나 만들어 국회에서 통과시키고 그것에 대한 시행령 시행규칙을 만들어야 한다. 이것을 어기는 경우는 적발하는 조직을 만들어서 행정벌을 내리며, 심한 경우 고발해서 사법부에서 법원의 판결이 제대로 나오게 해야 한다. 규제를 강제하고 그 효과가 나타나는 것을 담보하기 위해서는 수많은 과정이 모두 원만하게 진행되어야만 가능하다. 이는 매우 복잡하고 어려운 일이다. 남을 움직여서 뭔가를 한다는 것은 결코 쉬운 일이 아니다.

정부와 정치권이 민간기업과 근로자들이 어떻게 움직이는지를 유도하고 기다리는 것보다, 스스로 만들고 집행할 수 있는 예산 600조와 공공기관을 통하는 것이 훨씬 더 확률이 높고 효율적이다. 물론 국민에게 꼭 필요한 필수재를 지키고 환경과 안전, 지역 균형 등을 위해서 정부가 기업과 생산의 영역에 개입해서 규제하는 것은 정부가 효율성과 무관하게 꼭 해야 할 일이다. 하지만 양극화 해소를 위해서 노사관계와 임금에 개입하는 것은 우선적으로 할 일이 아니다.

나는 노동법을 석사 전공하고 시민종합법률사무소에서 노동법 관련 사건을 주 업무로 했었다. 임금 소송, 부당 해고 소송은 물론이고 국민은행 남녀 차별 임금 소송도 진행했었다. 90년대 초에는 최초의 노동소송이 많았고, 노동자들의 형편은 너무 열악했다. 우리는 최저의 수임료를 받으며 노동자 원고 측을 대변하는데, 기업 피고 측을 대리하는 대형 로펌에서는 우리가 받는 수임료의 수십 배를 받으며 편하게 방어하면 그만이었다. 무척 힘이 드는 일이었다.

무엇보다도 맥 빠지게 하는 것은, 실컷 소송을 해서 이겨도 기업들은 그것을 피해 갈 방법을 먼저 마련해서 빠져나가는데 그것을 무기력하게 바라보기만 해야 하는 것이었다. 여행원 차별 임금 소송을 진행하는 중에 이미 은행들은 여행원 제도를 없애고 대신 신 임금제도라는 또 다른 차별적 임금제도를 만들어서 법망을 빠져나갔다.

그때부터 복지제도와 예산과 넓은 의미의 정치에 관심을 가지게 된 것 같다. 제도를 바꾸는 것이 소송보다 낫고, 제도를 바꾸는 것보다 정부가 예산을 통해 직접 할 수 있는 일을 하는 것이 더 효율적이라는 것을 절감했기 때문이다.

나는 1988년 '민주사회를 위한 변호사모임' 창립에 참여했었지만, 이제 인권 변호사들이 물권(?) 변호사들이 되어서 그 능력과 시간, 집요함과 논리력으로 정부예산을 국민에게 돌려주는 데 집중한다면, 8~90년대 민변이 우리 사회의 민주화를 위해서 했던 강력한 역할을 다시 할 수 있다고 생각한다. 전리품을 국민의 품에 돌려주어서 승자독식 게임을 끝내고 양극화와 차별을 해소하는 것이 우리 시대의 민주화운동이다.

한마디로 "정부가 직접 할 수 있는 일을 먼저 하라."라는 것이다. 예산 600조를 활용해서 소득재분배를 하고 소비를 활성화해서 경제도 성장시키고 공평한 사회를 만드는 일은 거의 하지 않으면서, 효율성도 높지 않고 부작용이 큰 민간 개입에 자꾸만 손을 대는 것은, 자신이 할 수 있고 또 해야만 하는 그 일, '양극화 해소'를 하지 않으려고 딴청을 부리는 것으로밖에 볼 수 없다.

개혁 정부는 예산의 소득재분배 효과를 높여서 내수 총소비를 늘리는 일을 먼저 했었어야 했다. 개혁 정부의 경제정책은 임금에의 개입을 통한 소득(임금)주도성장이 아니라, '정부예산의 양극화 해소'를 통한 **소비(수요)주도 성장**이어야 했다. 설익은 소득(임금)주도성장으로 영세자영업 소상공인들과 취약 근로자 간의, 말하자면 갑을관계에 속하지도 못한 '병 대 병'의 갈등이라는 참혹한 결과를 만들어버리고 말았다. 영화 **기생충**이 괜히 흥행한 것이 아니다.[20]

진작에 **기초연금**과 같은 국민 개개인에 대한 소득 차등적인 현금 지급과, **근로 장려 세제**와 **자녀 장려 세제**와 같은 취약 근로자에 대한 예산지원으로 소비 활성화와 경제 활성화를 시도했더라면, 최저임금 인상을 둘러싼 수많은 논란과 소상공인의 어려움, 취약 근로자 실직 등의 혼란은 발생하지 않았을 것이다.

최저임금의 인상을 제도로서의 **최저임금 액수의 인상**이 아닌, 예산과 정부 영역에서의 **사회임금 지원**을 통해서 실질적으로 최저임금 인상의 효과를 달성했더라면 국민, 기업, 소상공인, 경제에도 좋았을 것이다. 개혁 정부와 개혁 정당이 결단해서 승자독식 카르텔의 전리품이던 예산 중 일부라도 국민에게 되돌려주면 될 일이었다.

---

20 영화 기생충은 갑을관계보다 오히려 을과 병, 병과 병의 전쟁과도 같은 관계를 다루어 주목받았다. 더 이상 물러날 곳이 없는 자들이 생존을 위해 기를 쓰고 싸우는 처절한 모습을 다루고 있다.

문재인 정부가 들어서고 나서 기획재정부가 예산의 주요 키워드에서 **양극화**를 뒤로 슬쩍 빼고 **일자리**를 내세울 때부터 불안했다.

물론 이명박, 박근혜 정부는 예산의 목표에서 양극화 해소를 배제하고 승자 몰아주기에 충실했다. 그런데 박근혜 정부 막바지에 탄핵 등으로 분위기가 어수선해지면서 기획재정부는 참여정부 이후 11년 만에 다시 예산의 목표에 '양극화 해소'를 집어넣었다. 그것이 진심이었다면 숫자와 통계를 절대적 근거로 삼는 기재부로서는 양극화 해소를 위한 '구체적인 계량적 수치'를 목표로 내세워야 했다. 즉, 시장소득 지니계수와 가처분소득 지니계수의 차이로 나타나는 '예산의 소득재분배 효과'를 당시의 10%에서 5년 안에 25%까지 올리겠다는 식의 구체적인 목표를 세웠어야 그 목표가 현실을 향해 움직일 수 있었다. 하지만 박근혜 정부의 기재부는 필자를 포함한 국회 기재위 위원들의 다그침에 못 이겨 '양극화 해소'를 예산의 추상적인 목표에는 넣었지만, 수량적이고 구체적인 수치는 끝내 제시하지 않았다.

문재인 정부가 들어서면서 예산의 목표에 양극화 해소의 구체적인 수치가 제시되리라고 기대했지만, 소득재분배보다는 노사관계에 집중하는 기존 개혁 진영의 관성 때문인지 문재인 정부의 기재부는 '양극화 해소' 대신 일자리를 앞세웠다. 마치 '생산적 복지'라는 말로 '복지'에 대한 공격을 피해 왔듯 양극화 해소에 대한 좌파 딱지를 피하겠다는 의도였는지도 모르겠다. 문제는 '일자리'와 '양극화 해소'라는 목표가 예산의 영역에서는 충돌될 수도 있다는 것이었다.

일자리 예산은 아무래도 기존에 산업화한 지역과 취업인구가 많은 곳에 예산이 더 배분될 가능성이 크다. 일자리안정자금은 일자리 자체가 없거나 취약한 비공식 일자리에 머물러 있는 취약계층과 서민 계층보다는 공식적인 일자리에 들어간 근로자나, 새로운 일자리를 만들 수 있는 이미 발전된 지역에 훨씬 더 큰 혜택이 돌아간다.

결국 **일자리**라는 구호가 양극화 해소라는 분명한 목표를 잃어버리면, 또 다른 버전의 **기업 몰아주기, 잘 나가는 지역 몰아주기**로 귀결되고 마는 것이다. 일자리 예산에만 포커스를 맞추게 되니, 예산 전체의 양극화 해소 목표는 길을 잃어버리고 말았다. '일자리'라는 구호는 언론을 통해서 아주 좋은 정책으로 포장될 수 있었지만, 양극화 해소라는 당면의 과제를 비껴가는 손쉬운 방법이기도 했다.

더구나 우리나라에서는 노조 가입률이 매우 낮고, 중산층 이상인 대기업 근로자와 공공분야 노동자 등이 노조의 핵심을 이루고 있어서, 양극화 해소 대신 일자리를 내세우는 순간, 양극화 해소는 물 건너가 버리는 결과가 되고 말았다.

부동산 양극화

양극화 중에서 가장 악독한 양극화는 자산 양극화, 그중에서도 부동산 양극화다. 흔히 불로소득이라고 일컬어지는 토지와 주택가격의 급상승으로 인해 부의 편중이 심해지면, 근로소득에 의존하는 사람들의 박탈감이 심해진다. 특히 열심히 공부하고 열심히 일해서 직장을 갖고 근로소득을 착실히 쌓아가고 있지만 아직 자산을 모을 정도는 되지 않는 젊은이들이 느끼는 상대적 박탈감은 **세대차별**로 이어진다.

몇 차례 급상승을 경험한 후, '앉은 자리에서 거지'가 되지 않기 위해서 젊은이들은 영끌(영혼까지 끌어모은다)하고, 지방 사람들도 서울에 올라와 집을 사는 형국에 이르렀다.

정부는 토지거래허가구역이다, DSR (debt service ratio, 총부채원리금상환비율) 규제다, DTI (debt to income, 소득 대비 부채 상환 비율) 규제다, LTV (loan to value, 주택가격 대비 대출 비율) 규제다 해서 이런저런 정책들을 쏟아내고 있다. 또한 88 올림픽 이후의 집값 상승을 잠재웠던 200만 신도시의 성공 경험에 천착하는 경제부처의 "무조건 공급하라"라는 공급 대책 또한 열심히 발표되고 있지만, 집값은 잡히지 않고 급상승을 반복한다.

왜 그럴까? '똘똘한 한 채' 때문이다. 1주택 1주택에 대해서는 가격에 상관없이 양도소득세를 감면해 주는 정책 때문이다. 1주택이 아무리 고가주택이어도, 12억까지는 면제이고, 12억을 넘는 부분도 10년만 거주하면 양도소득세의 80%가 면제되어서 집값이 아무리 올라도 양도세의 부담이 거의 없이 집값 상승분을 고스란히 취할 수 있다.

1가구 1주택 정책의 큰 함정은, 부동산 자산의 전체 액수를 묻지 않는다는 것이다. 20억 원에 산 집이 10년 후 50억 원이 되었을 때, 집 1채를 갖고 있다면 80%를 감면받아서 양도소득세를 거의 내지 않을 수 있지만, 5억 원의 집이 15년 후에 10억 원이 된 경우, 시골에 1억 원 집이 하나 더 있으면 30%만 감면된 양도소득세를 내야 한다.(참조 9)

이러니 사람들은 똘똘한 한 채를 소유하는 것이 집값 상승분을 그대로 가져갈 방법이라고 생각해서 가능하면 비싼 집을 사려고 하고 그로 인해 강남을 중심으로 한 지역은 집값이 더 오르게 되고, 지방의 집값은 더 내려가게 된다.

물론 주택임대업자에 대해서 터무니없는 혜택을 주어서 역세권 작은 아파트 콜렉터들을 양산한 것도 집값 상승에 역할을 하였다. 다주택 임대 사업자에 대한 세금혜택은 임대소득을 투명하게 밝히고 세입자를 보호하겠다는 취지로 박근혜 정부하에서 시작되었지만, 그 취지에 비해 어마어마한 세금혜택을 주면서 집값을 올리고 조세 형평성을 말아먹는 괴물 정책이 되고 말았다.

문재인 정부 들어서 과감하게 정리했어야 했는데, 오히려 1주택에까지 확대하는 실수를 했고, 이후 자신의 정책을 뒤집기 어렵다는 이유로 정책에 불소급을 적용하는 우를 범하고 말았다.

다세대 임대주택에 대한 혜택이 문제가 많기는 하지만, '똘똘한 한 채'야말로 강남 집값을 대장주로 만들어 집값을 끌어올린 주된 원인이라 할 수 있다.

특히 이명박 정부 들어서 1가구 고가주택에 양도소득세를 사실상 면제해 주면서 강남 집값 불패의 기반을 마련했다. 노무현 정부 마지막 해인 2007년까지 1가구 고가주택에 대한 양도소득세가 20년 소유에 45% 감면이었으나, 이명박 정부 들어서

10년 소유에 80%로 대폭 확대되어 '똘똘한 한 채' 시대가 본격적으로 막을 열게 된 것이다. (참조 10)

참조 9)

표) 1가구 1주택(고가주택)과 다주택자 양도소득세 장기보유 특별공제율 비교

	2012.01.01.~2018.12.31		2019.01.01. 이후 양도	
	다주택자	1주택 고가주택	다주택자	1주택고가주택
3년 이상	10%	24%	6%	24%
4년 이상	12%	32%	8%	32%
5년 이상	15%	40%	10%	40%
6년 이상	18%	48%	12%	48%
7년 이상	21%	56%	14%	56%
8년 이상	24%	64%	16%	64%
9년 이상	27%	72%	18%	72%
10년 이상	30%	80%	20%	80%
11년 이상	이하 동일	이하 동일	22%	이하 동일
12년 이상			24%	
13년 이상			26%	
14년 이상			28%	
15년 이상			**30%**	
16년 이상			이하 동일	
17년 이상				
18년 이상				
19년 이상				
20년 이상				
	2018.04.01. 이후 조정대상지역 내 다주택자 장기보유특별공제 배제			

참조 10)

표) 1가구 1주택 고가주택 양도소득세 장기보유특별공제율 변화 추이

	2007.12.31. 이전	2008.01.01. ~ 2008.03.20	2008.03.21. ~ 2008.12.31	2009.01.01. ~ 2011.12.31	2012.01.01. ~ 2018.12.31	2019.01.01. 이후
3년 이상	10%	10%	12%	24%	24%	24%
4년 이상	10%	12%	16%	32%	32%	32%
5년 이상	15%	15%	20%	40%	40%	40%
6년 이상	15%	18%	24%	48%	48%	48%
7년 이상	15%	21%	28%	56%	56%	56%
8년 이상	15%	24%	32%	64%	64%	64%
9년 이상	15%	27%	36%	72%	72%	72%
10년 이상	30%	30%	40%	**80%**	80%	80%
11년 이상	30%	33%	44%			
12년 이상	30%	36%	48%			
13년 이상	30%	39%	52%			
14년 이상	30%	42%	56%			
15년 이상	45%	45%	60%			
16년 이상	45%		64%			
17년 이상	45%		68%			
18년 이상	45%		72%			
19년 이상	45%		74%			
20년 이상	**45%**		80%			

　　부동산 가격상승 문제가 발생하면 정부나 언론은 '다세대 주택자'를 죄인으로 만든다. 다주택 소유를 문제 삼는 것은 매우 일리 있는 주장이다. 한정된 주택이라는 재화를 소수가 독점하게 하면 절대 안 되기 때문이다. 그런데 다주택에 대해서 중과세하

겠다면서 또 한편으로 다주택 임대업자 = 다주택 소유자인데, 다주택 임대업자에 대해서는 모든 세금을 감면해 주고 있으니, 무슨 정책이 이리도 모순될 수가 있는가?

부자들의 집값 유지를 위해서 1주택 고가주택에 대한 혜택을 숨기고, '다세대 주택자'를 죄인으로 만드는 여론조작이 있는 것 아닌가 하는 의심이 들 정도다. 보수 정부든 개혁 정부든 관계없이 1주택과 다주택의 구분을 금과옥조처럼 모신 결과, 똘똘한 한 채를 향한 전 국민의 돌진을 만들었고 집값 불패의 신화를 만들어버렸다.

정부는 올라가는 지역은 올라가도록 내버려두라는 식으로 쉽게 이야기해 왔으나, 서울 강남이 맨해튼처럼 뚝 떨어진 섬도 아니고 길 하나, 강 하나 사이에 송파, 성동, 동작 등이 연결되어 있는 데다, 여의도 목동 분당 등 준 대장주들을 중심으로 집값이 동반 상승하니, 올라가도록 내버려두라는 정부의 대응은 무책임하기 짝이 없는 궤변일 뿐이다.

경제부처의 이러한 안이한 대응으로 인해 대장주인 강남 집값이 든든하게 버티면서 집값 상승이 주변 지역으로 확산했고, 한편으로는 다주택 임대 사업자에게 모든 세금을 감면해 줘서 갭투자와 역세권 아파트 주워 담기가 횡행했다. 그 후, 전체 부동산가격은 상승했고, 몰리는 지역은 더욱 몰리는 어마어마한 부동산 양극화, 경제 양극화가 고착되고 말았다.

1주택이냐, 다주택이냐? 이것보다 훨씬 중요한 것이 전체 자산의 규모다. 토지와 주택 건물을 포함한 모든 부동산 자산에 대해서 일정 액수(2024년의 평균주택가격인 4억 5,000만 원 정도, 참조 11)를 면세점으로 하고, 그 이상에 대해서는 다른 세금과 마찬가지로 누진율을 적용하면 된다. 또한 양도소득세의 장기보유거주 공제율은 이명박 정부에서 대폭 공제율을 상향했던 것을 그 이전으로 회복하면 된다.

집값 상승의 반복과 부동산 양극화의 주범인 '똘똘한 한 채'를 부추기는 정책들을 그대로 둔 채 집값을 잡겠다는 행태는 '눈 가리고 아옹'이라고 할 수밖에 없다.

참조 11)

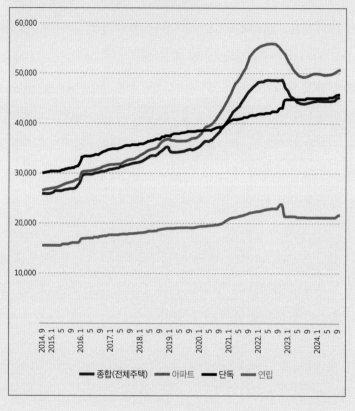

최근 10년간 전국 주택 평균 가격 변화 추이　　　　　단위: 만 원

6장

예산을
국민 품으로

예산 600조가 정부와 정치권이 나눠 먹는 전리품이 되지 않도록
의무 지출 비중을 늘리고, 국민이 보편적인 기준에 의해서
직접 예산을 받아 가도록 하는 선진국형 예산으로 바꾸어야 한다.

남녀 차별을 시정하기 위해서 시행되었던 적극적 조치affirmative action와
같이, 예산 배정에도 어렵거나 차별 받아온 쪽에 우선권advantage을
주어야 한다.

2분위에서 4분위까지(소득 하위 10%~40%)의 저소득 서민은 사실상
국가로부터 아무런 혜택이 없는 복지 사각지대에 놓여있다.

진보 개혁 진영은 0.5분위에 대한 선별 복지에 대한 반대로 보편복지를
주장해 왔다. 하지만 0.5분위(소득 하위 5%까지)에서 10분위(100% 전체 국민)
로 바로 점프하는 잘못을 범함으로써 저소득 서민을 외면했다.

전리품이 있는 한
전쟁은 끝나지 않는다

이 책은 기승전- 승자독식 정치로 이야기를 풀어가고 있다. 국민은 정부와 정치가 양극화와 불공정을 해결해 주기를 간절히 바라고 있지만, 정부와 정치는 그 역할을 하기는커녕 오히려 양극화와 불공정의 주범 혹은 공범이 되고 있다.

승자독식 정치는 승자독식 경제와 찰떡궁합을 이룬다. 승자독식 경제 구조하에서 기업을 비롯한 생산 주체들은 합리적인 자본주의 경쟁보다는 주식회사의 사유화와 권력과의 부당거래로 사익을 취하거나, 중소기업과 근로자의 몫을 최소화해서 부당이익을 취하는 승자독식 게임에 빠져든다.

나아가 승자독식 정치와 승자독식 경제는 승자독식 사회와 승자독식 문화를 만들어서 국민을 전쟁상태로 내몬다. 청와대의 방식은 재벌의 방식이 되고, 대기업의 방식은 중소기업의 방식이 되며 기업의 방식은 사회단체의 방식이 되고, 동네 구석구석까지 복붙(복사해서 붙여넣기)이 일어난다.

지금까지 우리에게 전쟁과 평화 이슈는 북한과의 전쟁이냐, 남북 평화냐 하는 것이 중심이었지만, 막상 우리가 부닥치는 현실은 일터에서 겪는 삶 자체가 전쟁이다. 정치는 '국민을 위한 경쟁'이 아닌 '전리품을 위한 전쟁'을 하고 있으며, 언론은 경마 보도하듯 경제전쟁과 정치전쟁을 매일매일 생중계하는, 전쟁 같은 일상이 삶의 평화를 빼앗아 가고 있다.

이 책이 전하고자 하는 메시지는 이것이다. 첫째, 승자독식의 정치는 승자 카르텔이 차지할 전리품이 사라지지 않는 한 계속되리라는 것, 둘째 승자독식 정치는 경제, 사회, 문화, 모든 분야에 퍼지면서 국민의 삶 대부분을 결정하게 된다는 것, 셋째 따라서 만연히 정부와 정치가 잘 알아서 해주겠지, 기대하며 내버려두거나 혹은 정치권을 욕하고 세비를 줄이는 정도로 분노를 발산하는 것만으로는 결코 해결될 문제가 아니라는 것이다.

어차피 전리품을 둘러싼 전쟁이 일어나고 있다면, 그들만의 전쟁으로 방치할 것이 아니라 모든 국민이 승자독식의 예산전쟁, 인사 전쟁, 개발 경쟁에 뛰어들어서 제 몫을 확보하는 것이 그나마 차악 혹은 차선일 것이다.

하지만 승자독식의 전쟁에서 약자들이 제 몫을 차지할 가능성은 매우 낮다. 근본적으로 생각 있는 국민들이 힘을 합쳐서 승자독식 카르텔이 차지할 전리품 자체를 없앰으로써 전쟁을 끝내고 국민을 위한 경쟁정치가 시작되게 만드는 것이 최선이다.

승자독식 전쟁정치를 바꾸기 위한 하나의 방법으로서 선거제 개혁과 다당제를 통해 다수의 정치세력이 서로 견제하며 균형을 만들어 가려고 시도했다. 권력을 나누는 개헌도 꾸준히 주장되고 있다. 하지만 그 발걸음이 더디고 과정이 순탄치 않다.

이렇게 어려울 바에 굳이 간접적인 방식을 택할 것이 아니라 직접적으로 승자가 독식하려는 전리품을 최대한 없애는 것이 더 효율적이라고 본다. 인사권은 나누고, 더 이상의 개발은 엄격하게 제한하며, 무엇보다도 예산 600조가 정부와 정치권이 나눠 먹지 않도록 의무 지출 비중을 늘리고, 국민이 보편적인 기준에 의해 직접 예산을 받아 가도록 하는 선진국형 예산으로 바꾸어야 한다.

전리품의 핵심,
예산

전리품 중 가장 큰 덩어리는 무엇보다도 예산이다. 600조 예
산 중, 특히 국민에게 보편적인 기준에 따라 지급하는 현금과 정
부 부처의 경상지출을 제외한, 정부가 재량적으로 혹은 공모사업
으로 선택적으로 지원하는 각종 예산사업과 재정지출이 양극화
와 불공정을 해결하고 있는지 아니면 심화시키고 있는지가 예산
이 전리품인지 아닌지를 가른다고 할 수 있다.

정부가 선택적으로 지원하는 예산이 제대로 책정되고 집행되
기 위해서는 국회 기능이 무엇보다 중요하다. 하지만 현재 국회
의 예산과 결산 기능은 허접하기 짝이 없다. 물론 전리품을 챙기
는 차원의 움직임은 빈틈이 없다. 하지만 양극화와 불공정을 해

결하기 위한 움직임은 '생색내기용' 이외에는 찾아보기 어렵다. 나는 그 생색내기용 예산을 '앵벌이'라고 부른다.

예산 책정 당시, 언론에 회자되는 가장 불쌍한 케이스를 구제하기 위한 적은 예산을 '명분용'으로 앞장세워놓고, 뒤에서 훨씬 더 큰 예산을 힘과 권력에 따라 전리품을 나눠 먹는다. 야바위꾼이나 하는 행태가 소위 홍보전략이라는 이름으로 동원되는 것이다. 특히 국회 예결위가 제대로 작동되지 않는 추가경정예산 과정에서는 추경 목적 예산을 앞세운 뒤, 뒤에서 끼워 넣기가 더 수월하다. 역대 정권들이 추경을 애용하는 이유 중 하나일 것이다.

국회 예결위가 정상적으로 가동될 수 있도록 추경은 최대한 자제해야 하고, 본예산에 대한 심의도 회의 몇 번으로 끝내놓고 자기 챙길 예산만 챙기는 그런 방식이 아닌, 1년 내내 예산에 대한 심의가 이어지도록 해야 한다. 무엇보다 근본적으로 예산논의 자체가 개별 사업과 선택적 지원 대상 선정에 관한 논의에 앞서, 예산의 배분 원칙을 확실하게 하고 예산지원에 관한 보편적인 기준을 마련하는 데 논의를 집중해야 한다.

현재 선택적으로 지원되는 국고보조금 사업 등이 양극화와 불공정을 해결하기 위해서는 예산에 대한 평가와 감사 기능이 제대로 되어 있어야 한다. 우리나라의 평가기능과 감사 기능은 세부적으로는 매우 잘 돌아간다. 하지만, 전체적인 구조 자체가 잘 나가는 쪽에 유리하게 되어 있어서 세부적으로 아무리 꼼꼼하게 본다고 해도 결과적으로는 잘 나가는 기업, 잘 나가는 지역, 잘 나가는 기관에 유리하게 된다. 예비타당성 평가나 공모사업 방식 자체가, 이미 발전되어 있고 사업구상 여력이 있는 잘 나가는 쪽에 유리한 선정 방식인 데다가, 그 평가 기준 또한 잘 나가는 쪽에 유리하게 설정되어 있다. 게다가 예산이 전리품처럼 취급되고 있어서 굵직한 예산에서는 평가나 감사 기능조차 제대로 작동하지 않기도 한다.

남녀 차별을 시정하기 위해서 시행되었던 적극적 조치affirmative action와 같이, 예산 배정에서도 어렵거나 차별 받아온 쪽에 우선권advantage을 주는 기준을 법에 명시해야 한다.[21] 그 기준이 실제로도 국회의 예산심의 과정에서 적극적으로 적용되지 않는다면, 명분을 내세우기 위해 동원되는 앵벌이 작은 사업 정도를 제외하고는 선택적으로 지원하는 예산이 형편이 어려운 쪽에 배정되기는 매우 어렵다. 지금까지 정부의 재량 지출과 각종 예산사업이 힘 있는 쪽에 배분되어 온 과정이 이렇다.

---

21 지방교부세의 배분 기준에 낙후도가 일부 반영되지만, 그 비중이 작고 실제로는 인구가 많은 지역에 유리하게 되어 있다.

소득차등적이고 보편적인
현금지원

현재 우리 예산 중 전리품이 아닌 가장 바람직한 예산은 65세의 어르신 중 70%에 대해 두 단계로 나누어 지급하는 기초연금이다. 서민 기본소득이든 안심소득이든 수당이든 연금이든 그 명칭을 어떻게 붙이든 '소득 차등적이고 보편적인 기준에 의해서 국민에게 직접 지급하는 현금지원'을 늘리는 것이 최선이다. 그럼으로써 양극화를 해소하고 소비를 늘려 경제를 살릴 뿐만 아니라, 정치전쟁 승자에게 돌아갈 예산 전리품을 최대한 줄여서 '승자독식의 전쟁 사회'에서 벗어나 '함께 공존하는 합리적인 경쟁 사회'로 만들 가능성을 높일 수 있게 된다.

기본소득은 국민에 대한 직접 현금 지급이라는 점에서는 바람직한 방향이다. 다만 기본소득에 이르기까지의 과정은 반드시 소득 차등적인 현금 지급에서 시작해서 대상과 액수를 점차 늘려가는 방식이어야 한다.

기본소득에 국민이 호응했던 이유는, 복지의 혜택에서 완전히 소외되었던 2분위~4분위[22]가 그나마 예산지원을 받을 기회라고 보았기 때문이다. 하지만 복지지출이 적은 지금의 상황에서 기본소득을 전격적으로 시행하는 것은 저소득 서민에게 돌아갈 예산의 절반을 줄여버림으로써 소득재분배 효과를 상당 부분 제한하는 잘못된 선택이다.

우리나라의 선별 복지는 **0.5분위**까지가 대상이다. 기초생활수급자 비중이 5% (0.5분위)이고, 대부분의 복지 대상자가 기초생활수급자로 제한된다. 최근 차상위자라는 개념으로 일부 복지급여를 1분위(10%)까지 확대하고 있다.

2분위에서 4분위까지의 저소득 서민은 사실상 국가로부터 아무런 혜택이 없는 복지 사각지대에 놓여있다. 예산의 많은 부분이, 복지 예산조차도 '영향력 있는' 중산층에게 배분되고 있다.

---

22 소득 기준으로 하위 10%~40%를 의미한다.
최근 중산층 몰락과 함께 다이아몬드형의 균형이 깨져서 소득 2분위~5분위로 서민층을 늘려 잡아야 할 필요가 늘어났다.

사회보험도, 세금 공제도, 복지회관 프로그램도, 공공주택 공급도 2분위에서 4분위까지의 서민층이 아닌, 5분위에서 7분위까지의 중산층이 주된 수혜자가 된다.

공공주택도 0.5분위까지 받는 영구임대주택이나 국민임대주택을 제외하면, 곧바로 수억 원이 있어야 가능한 공공분양주택 (임대 분양주택, 신혼부부 우선 분양 등)으로 넘어간다.[23] 서민층이 이용할 수 있는 공공주택은 서울시 시프트 등 일부를 제외하면 사실상 없다.

2분위에서 4분위까지의 저소득층 혹은 서민은 영세자영업자나 비정규직, 비공식 근로자, 실직자 등으로서 사회보험에서도 제외되고,[24] 소득세 면세범위여서 세금 공제 대상도 아니다.

진보 개혁 진영은 0.5분위에 대한 선별 복지에 대한 반대테제로 보편복지를 주장해 왔다. 하지만 **0.5분위에서 10분위로 바로 점프하는 잘못**을 범했다. 선별 복지에서 차등 복지를 거쳐 보편복지에 이르는 과정이 생략된 것이다. (**차등 복지**라는 단어는 필자의 개인 의견이다. 우리나라에서 선별 복지라는 단어가 왜곡된 탓에 구별되는 개념을 만들어 보았다.)

---

23 실제로는 7분위 이상의 상위 중산층 자녀들이 수혜자가 된다.
24 영세자영업자에 대한 사회보험료 지원제도인 '두루누리사업'으로 일부 보완되고 있을 뿐이다.

10%만을 대상으로 하는 선별복지에 머무르는 것은 복지후진 국에 머무르는 것이다. 또한 한정된 복지예산을 가지고 갑자기 100%를 대상으로 일률적으로 지급하는 보편복지로 넘어가자는 것도 서민복지를 포기하겠다는 발상이다. 보편복지에 이르는 과정은 반드시 소득 차등적인 기준에 의한 차등 복지의 단계를 거쳐서 우선으로 서민에게 더 지급하고 점차 대상을 늘려나가서 보편복지에 이르는 방식이어야 한다.

오세훈 서울시장의 2011년 주민투표가 실패했던 이유는, 차등복지의 방식을 학교급식이라는 '잘못된 분야'에서 적용했기 때문이다. 교육(HRD, Human Resource Development)은 복지에 앞서 보편성이 적용되어야 하는 분야여서 학교 문제에 차등복지를 적용해서는 안 되었고, 더구나 급식이라는 예민한 문제에 소득을 드러내는 차등복지를 적용하면서 외면받았다.

서민 기본소득 vs 기초연금 대상 확대

　　현재 소득 차등적이고 보편적인 현금지원 안(案)으로 나온 제 안 중 대표적인 것이 김종인의 안심소득 안이다. 김종인의 안은 기존예산에서 불필요한 부분을 아껴 50조를 마련해서, 소득 차 등적인 안심 소득을 지급한다는 발상으로 매우 합리적으로 보 인다.

　　현재 우리나라에서 가장 우수한 예산은 기초연금 예산이고, 제도가 확고하게 자리 잡았으므로, 기초연금을 확대하는 방식 도 충분히 고려할 수 있다고 본다. **청년 기초연금, 서민 기초연 금으로 기초연금 대상을 확대**하는 방식이 가능하다.

　　또한 소득 차등적 기본소득인 **서민 기본소득**의 방식으로 지급하는 경우에도 기초연금의 산정과 지급 방식을 적용할 수 있다.

지급 대상을 노인 기초연금보다는 10%P 적게 60%로 하고, 이를 3단계로 나누어 20%까지는 50만 원, 20~40%는 30만 원, 40~60%는 10만 원 이런 식으로 정할 수 있다. 노인 기초연금은 2단계로 나누어서 하위 50%까지에 대해 가산 지급하지만, 서민 기본소득의 경우 우리나라의 소득 파악이나 소득산정 방식이 정교하지 않아서 분위에 대해서 다툼이 있을 수 있으므로, 가능하면 지급 단위 간 절벽이 생기지 않게 촘촘하게 단위를 나누는 것이 좋다. 20%까지는 50만 원, 30%까지 40만 원, 40%까지 30만 원, 50%까지 20만 원, 60%까지 10만 원을 지급하는 4단계 방식도 가능하다.

현재 서울시에서 1,500가구를 대상으로 시범운영하고 있는 안심 소득 안은 각 분위에서 중위소득에 미치지 못하는 차액을 지급한다고 되어 있다. 중위소득을 대상 범위 선택의 참고 자료로 할 수는 있지만, 지급 액수를 중위소득과의 차액의 50%로 설정하는 것은 너무 복잡하다. 이미 전 국민 재난지원금도 지급한 바 있으므로, 가능하면 단순하게 차등하는 방식으로 제도를 구성하는 것이 바람직하다.

제도의 얼개를 만들어 놓으면, 가용예산과 정치적 고려에 따라 대상과 지원액을 결정할 수 있다.

산정기준과 관련해서, 건강보험료를 기준으로 삼는 것은 부적절하다. 2021년 추경예산으로 책정된 재난지원금은 88%의 국민에 대해서 지급하면서 건강보험료만을 기준으로 삼아 터무니없는 결과가 되고 말았다.

건강보험료는 직장, 지역 간 기준이 완전히 다르고, 통합적인 기준을 마련하기가 쉽지 않다. 건강보험 역사[25]에 비추어, 조합 방식을 유지하면서 직장, 지역간 보험료 통합시스템으로 가는 것도 쉬운 일이 아니다. 영국처럼 아예 건강보험료 대신 세금을 거두는 것이 아닌 한, 현실적으로 건강보험통합은 쉽지 않고, 건강보험 제도개선은 지역가입자 중 영세자영업자 등에 대한 대책을 마련하는 것으로 포커스를 좁히는 것이 차라리 낫다고 본다.

서민 기본소득 산정 방식에서는 건강보험료 기준이 아닌, 노인 기초연금처럼 소득과 재산을 함께 고려하되, 전체 국민을 대상으로 하는 것인 만큼 기초연금보다 좀 더 정교한 방식을 제시해야 한다.

필요예산과 관련해서, 공공부문 예산 중 공무원 월급을 제외한 경상비를 10% 감축하고 불필요한 항목을 없애면서, 아예 공공 개혁을 시행해야 한다.

---

25 역사적으로 건강보험은 직장보험인 길드 조합에서 발생하였다.

특히 의전[26]에 필요한 예산을 3분의 1 정도로 줄여도 무방하다. 아니, 줄여야만 한다.

기존의 복지제도 중 현금급여 항목을 서민 기본소득에 포함함으로써 중복예산을 막을 수 있다. 근로장려금, 자녀장려금, 주거급여, 복지 관련 세금공제 등은 서민 기본소득에 포함할 수 있다고 본다. 아동수당 등 이미 보편적으로 지급되는 현금 급여는 소득차등적인 제도가 아니므로 포함하지 않는 것이 적절하다.

필요 재원을 마련하면서, 증세는 서민 기본소득과 관련지어 꺼내지 않는 것이 바람직하다. 증세는 전체 국가 부담률이나 조세 형평성 등의 차원에서 별도로 제기하는 것이 바람직하다. 증세 논의에 발목 잡혀서 한 발짝도 못 나간다.

서민 기본소득은 국가의 예산을 양극화 해소에 쓸 것인가, 기존의 후진적인 시스템, 즉 중산층 이상의 잘 나가는 쪽 중심의 예산을 고수할지의 선택의 문제로 해결하는 것이 바람직하다.

서민 기본소득의 **집행 주체**와 관련해서, 서민 기본소득은 중

---

26 의전(儀典)이란 공식적인 행사 등에서 중요 인사에게 차리는 예우와 절차 등을 말한다. 불필요한 행사도 많고, 행사에서 의전을 위한 낭비도 너무 많다. 딱히 행사가 아니더라도 고위직을 챙기기 위한 직원과 고위직을 돋보이게 하려고 쓰이는 예산이 너무 많다. 일을 하기 위한 정부 조직인지 고위직을 위한 정부 조직인지, 국민 관점에서 분통 터지는 일이 아닐 수 없다. (정부산하기관도 마찬가지다)

정치 병리학

앙정부가 직접 시행해야 한다. 가난한 지자체일수록 더 부담이 커지는 매칭 부담 방식은 절대 안 된다.

산정을 위한 자료는 국세청에서 소득자료를, 국토부와 금융당국에서 재산자료를 일괄 받아서 전 국민에 일관된 기준을 적용하고, 지급도 지자체를 거치지 않고 중앙정부가 곧바로 지급해야 한다. 자료수집과 함께 지자체를 괴롭힐 일도, 지자체 재정 부담을 요구할 일도 없어야 한다.

7장

공기업을
국민 품으로

승자들의 전리품 중 꽃 중의 꽃은 공기업이다.

정부의 예산은 이미 복지 부문이 경제개발 부문을 훨씬 넘어섰는데
공공부문은 60년대 그대로 경제개발 공기업들이 대부분이다.

공기업의 임금이 공무원 임금보다 높을 이유가 없다. 또한 기재부와
복지부의 임금이 다르지 않듯, 위험부담을 하지 않는 공기업이
사회 분야 공공기관보다 높은 임금을 받을 아무런 이유가 없다.

공공기관들을 정부 역할에 맞게 재정비하고, 임금수준도 역할에
걸맞게 재조정하는 것이 혁신주도성장의 핵심이다.

개발시대 공기업을
사회서비스 기관으로

승자들의 전리품 중 꽃 중의 꽃은 공기업이다. 법적인 용어는 '공공기관'인데 흔히들 '공기업'이라고 부른다. 정부 부처는 아니고 정부 부처의 산하에 있는 공기업이나 독립기관들을 '공공기관'이라고 한다. 정치권은 공공기관의 인사를 논공행상으로 이용하고, 정부 부처들은 각 부처 소관의 예산사업과 지원 예산을 확보해 놓고 이 예산을 집행하기 위해 별도의 공공기관을 세워서 퇴직자 예우나 조직 확장을 위한 수단으로 삼는다. 정부나 정치권에서는 이 공공기관에서 자리를 얻기 위해 줄을 서고, 그 공공기관을 통해서 집행되는 정부예산을 받기 위해서 민간의 기업이나 각종 단체와 관련 종사자들이 줄을 선다. 공기업과 공공기관이 전리품 중의 전리품인 이유다.

아직도 6~70년대 개발경제 시대에 만들어진 금융, 건설, 조선 등 경제 관련된 공기업들이 남아 있다. 정부의 예산은 복지 부문이 경제개발 부문을 훨씬 넘어서고 더 큰 폭으로 확장되고 있는데 정부의 예산 지원금의 비중은 변하지 않고 있다.(참조 12)

이제 경제는 선진국 턱밑까지 왔으니 전기, 수도, 교통, 통신 등 국민 필수재를 제외하고는 경제 부문, 특히 금융 건설 개발 관련된 공기업과 공공기관들은 대부분 정리하는 것이 맞다. 대신 정부가 국민에게 서비스를 제공해야 할 교육과 보육, 복지, 건강 등 사회서비스와 관련된 공공기관으로 재정비해야 한다.

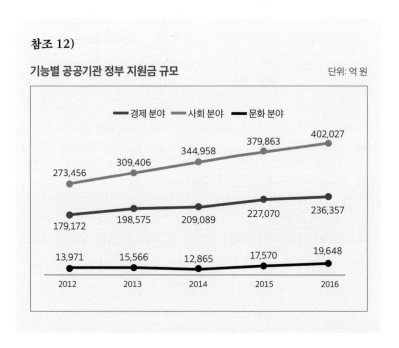

참조 12)

기능별 공공기관 정부 지원금 규모 단위: 억 원

경제 분야 사회 분야 문화 분야

273,456 309,406 344,958 379,863 402,027

179,172 198,575 209,089 227,070 236,357

13,971 15,566 12,865 17,570 19,648

2012 2013 2014 2015 2016

정치 병리학

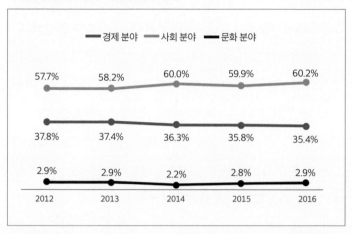

기능별 공공기관 정부 지원금 비중 변화　　　　　단위: %

경제 분야　　사회 분야　　문화 분야

	2012	2013	2014	2015	2016
사회 분야	57.7%	58.2%	60.0%	59.9%	60.2%
경제 분야	37.8%	37.4%	36.3%	35.8%	35.4%
문화 분야	2.9%	2.9%	2.2%	2.8%	2.9%

주) 2017년까지 정부는 공공기관을 4대 분야(경제, 사회, 문화, 정무) 기능별로 나누어 통계를 발표했으나, 2017년 이후 이 분류 기준과 통계를 아예 삭제하여 2017년 이후의 분야별 비교 통계는 여기에서 소개할 수가 없다. 하지만 2017년 후로 정부의 공기업 방침에 큰 변화가 없으므로 정부지원금 비중에도 큰 변화는 없어 보인다.

민간과 공공의 영역에 대한 혼선은 비단 이뿐만 아니다. 대체로 선진국들에서는 사생활이나 정신적인 영역은 굳이 공공영역에서 문제 삼지 않는다. 총리 후보가 누구와 결혼하든 이혼하든 동성애자이든 개인의 영역이니 개의치 않는다. 대신 공적인 가치에 대한 의견이나 재산영역은 누구든 따질 권리가 있고 자세히 들여다본다. 개인적인 일탈행위는 눈감아줄 수 있지만, 탈세나 법 위반은 용서되지 않는 것이다.

핀란드에서는 누구나 옆집 사람의 세금 명세를 들여다볼 수 있다. 재산과 세금은 사적인 영역이 아닌 사회적 공적 영역이라고 보는 것이다. 정치인의 사생활을 따지는 미국만 약간 다를 뿐, 사적인 영역에서 너그럽고 공적인 영역에서 엄격한 것은 선진사회의 중요한 특징이다.

그런데 우리나라는 정신적 가치나 사생활에 대해서는 누구나 들여다보고 참견하고 따진다. 첫 만남에서 호구조사가 기본이고 정치인에 대한 평가도 사적인 것이나 정신적 가치에 집착한다. 그러면서 공적인 가치에 대한 의견이나 활동, 재산과 세금 등에 대해서는 사생활이라며 보호해야 한다고 한다. 우리나라의 금융실명제 관련 법안의 명칭은 "금융실명거래 및 비밀보장에 관한 법률"이다. 어이없게도 금융재산의 투명성보다 금융재산의 비밀을 보장해 주는 법률이다.

'사적 영역과 정신 영역에서는 상관하지 않고, 공적 영역과 재산영역에서는 엄격한 규제를 가하는' 선진국들이 대체로 합리적인 사회를 이루고 있다. 거꾸로 '사적 영역과 정신 영역에서는 간섭하고 공적 영역과 재산영역에서는 방임하는' 우리의 관행은 잘못되었다고 생각한다. 대한민국을 공사구별이 잘 안되고, 인물 중심의 정치에서 벗어나지 못하며, 가진 자의 자유가 보장되는 부정적인 측면으로 몰아가는 잘못된 유산이다. 바꿔야 한다.

그런데 아직도 기업이 담당할 금융과 건설은 정부 영역에 남아 있고, 정부가 담당해야 할 교육, 보육, 복지, 건강 등 사회서비스는 대부분 민간에 맡겨져 있으니, 완전 거꾸로다.

우리 정부는 직접 담당해야 할 사회서비스를 민간에 떠넘기고 있어서 국공립으로 운영되는 교육기관, 보육 기관, 복지센터의 비중이 매우 낮다. 사회서비스 관련 공공기관들도 직접 서비스를 제공하는 것이 아니라 관련 연구나 예산 집행만 하는 경우가 많다. 한마디로 갑질하는 공공기관만 남고 국민에게 봉사할 공공기관은 만들지 않고 있다. 이렇듯 시대의 역할과 상반되는 공공기관인데 임금수준은 가히 신의 직장이다. (참조 13)

이렇듯 개발 시대에서 벗어나지 못한 공기업과 공공기관들이 인사와 예산 개발 등 승자독식 정치의 전리품 중 중요 부분이 되어서 정부와 공공 혁신을 가로막고 승자독식 정치의 담보물이 된 함정에 빠져있다.

공공기관들을 2020년대의 정부 역할에 맞게 재정비하고, 임금수준도 역할에 걸맞게 재조정하는 것이 혁신주도성장의 가장 핵심적인 부분이다.

참조 13)

근로소득자 평균 임금과 공공기관 유형별 임금 비교표

단위: 만 원

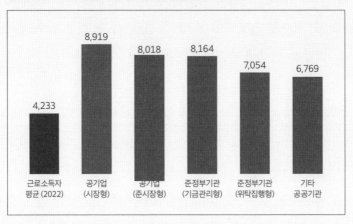

주) 근로소득자 평균 임금은 2022년, 공공기관은 2023년 기준.

표) 2016년 직원 평균 보수 상위 15개 공공기관 현황

단위: 만 원

(이후의 자료는 공개되어 있지 않음)

순위	공공기관	직원 평균보수
1	한국예탁결제원	10,919
2	한국투자공사	10,712
3	한국전자통신연구원	9,987
4	광주과학기술원	9,840
5	한국과학기술원	9,838
6	한국전기연구원	9,813
7	울산과학기술원	9,766
8	한국원자력연구원	9,748

정치 병리학

9	한국원자력안전기술원	9,610
10	한국기계연구원	9,526
11	한국마사회	9,503
12	중소기업은행	9,416
13	한국산업은행	9,390
14	한국수출입은행	9,364
15	한국에너지기술연구원	9,362

그런데 소득주도성장을 주장하는 개혁 진영도, 혁신주도성장을 주장하는 보수진영도, 경제부처도 사회부처도 청와대도 시민사회단체도 언론도 재벌 대기업도 이 부분을 건드리지 않는다. 국민의 시야에서 벗어나 있으면서 전리품 삼기에 딱 좋은 이 물건을 승자독식 카르텔의 입장에서 건드릴 아무런 이유가 없는 것이다. 민주노총조차도 공공노조의 입장에 서면서 이 부분을 외면한다.

이런 상황 속에서 공공 개혁을 이슈화하기도 어려울 뿐 아니라, 사회적으로 필요성이 제기되더라도 정부와 정치권은 쉽사리 바꿀 수 있는 문제가 아니라고 하면서 이슈를 비켜나간다. 공공 개혁 요구가 좀 더 거세지면 공공기관운영위원회를 만들고 거기에 평가 권한의 일부를 주고 무마시킨 후, 공공기관 개혁을 장기 과제로 떠넘기고 마는 방식이다.

하지만 공공 개혁은 혁신주도성장의 핵심 중의 핵심이다. 공공부문 개혁을 위해서 미시적인 접근이 아닌 전리품을 정리하는 차원에서의 본질적인 접근이 필요한 때다.

공기업 임금 조정이
공공개혁의 핵심

우선 공기업 임금부터 조정해야 한다. 공기업의 임금이 공무원 임금보다 높을 아무런 이유가 없다. 산업은행과 수출입은행 금융감독원 등은 스스로 돈을 벌어서 나라 곳간을 채워 넣는 조직이 아니고 정부가 할당해 주는 업역을 독점적으로 수행하다가 손실이 생기면 정부가 보전해 주기 때문에 민간기업처럼 경영을 잘못해서 쫄딱 망할 이유도 없고 민간기업보다도 더 높은 연봉을 받을 이유도 없다.

공무원과 같이 공공의 일을 할 뿐이니 공무원과 같은 월급을 받으면 그만이다. 우리나라 공무원도 최상의 직장으로 평가받고

있는데 거기에 더해서 신의 직장을 만들 이유가 없는 것이다.[27]

또한 공공기관 중 경제 관련 기관이 복지 관련 기관보다 훨씬 높은 임금을 받을 이유도 전혀 없다. 기재부와 복지부 공무원의 임금이 다르던가? 전혀 다르지 않다. 공공의 영역에 있는 한 경제 부문이든 사회 부문이든 임금이 다를 이유가 없다. (참조 14)

흔히 말하는 신의 직장, 공기업과 공공기관이 선진국에서는 신의 직장이 아니다. 공공기관이라고 하면 보육시설, 청소년센터, 교육기관, 요양시설 등을 의미하고, 그곳에서 일하는 사람들은 공무원과 비슷한 준공무원 신분을 갖고 있다.

우리나라에서는 이런 사회서비스 기관들을 대부분 민간이 운영한다. 정부는 막대한 사회서비스 예산을 책정해서 사회서비스 민간 기관들의 운영예산 상당 부분을 지원한다. 물론 갑의 위치에서다.

선진국과 우리나라의 사회서비스 예산 사용방식의 차이로 인해서, 선진국의 사회서비스 종사자들은 안정된 준공무원의 신분으로 질 높은 보육 서비스, 요양 서비스 등을 제공하는 데 비해,

---

[27] 공무원과 같이 대우함과 동시에 평가 기준도 공무원과 같이 공공성에 대한 평가를 중심으로 해야 한다.
공공기관을 평가하면서 수익을 더 내는 기관이 경영평가에서 좋은 평가를 받고 좋은 성과급을 받도록 하는 현행 평가 기준은 공공성에 역행하므로 바꿔야 한다.

참조 14)

근로자와 공무원, 3개 국책은행 평균 보수 비교

2015년, 단위: 만 원

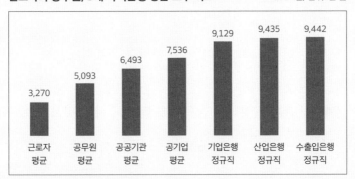

출처: 국세청, 공무원연금공단, 기재부 자료

주) 공무원 임금이 가장 정확히 반영된 통계인 '공무원연금관리공단'의 '공무원 보수' 통계를 최근 정부가 비공개 대상으로 전환하여 2016년까지의 통계만 소개한다. 이 이후에도 큰 변동이 없다.

2016년 공공기관 직원 평균 보수 현황

단위: 만 원

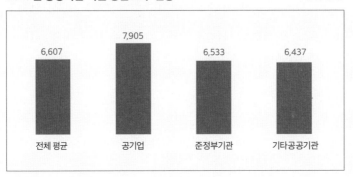

우리나라의 사회 서비스 종사자들은 민간 사회서비스 기관에서 월 150만 원 남짓의 비정규직 신분으로 일을 하니, 괜찮은 일자리도 되지 못하고 국민은 질 높은 보육 서비스, 요양 서비스 등을 기대할 수가 없다.[28]

정부는 민간 서비스시설에 운영비를 지원함으로써 막대한 사회서비스예산을 쓰고 있는데도 국민은 질 높은 서비스를 받지 못하고 좋은 일자리는 늘어나지 않으니 이런 비효율이 따로 없다.

하루속히 사회서비스공단을 만들어서 사회서비스 종사자들이 (최소한 중위소득 정도의 무기계약직으로서) 안정되고 괜찮은 일자리를 가지고 질 좋은 사회서비스를 제공할 수 있도록 해야 한다.

정부는 민간 사회서비스 기관에 갑질하면서 운영비를 지원할 것이 아니라, 공공서비스시설의 비중을 높여야 한다.[29]

민간 시설에 대한 지원도, 운영비를 지원하는 방식보다 사회서비스공단의 보육교사나 요양보호사를 민간에 파견 지원하는 방식으로 바뀌어야 한다.

---

28 정부는 민간 사회서비스 기관 종사자들의 임금을 보장하기 위해 임금 가이드라인을 제시하는 등의 노력을 하고 있으나, 월급을 앞에서 주고 뒤에서 가져가는 등으로 별 성과가 없다.
29 최근 사회서비스공단 비슷한 조직들이 지자체에 만들어지고 있으나, 기능은 이전과 같은 예산 배분 등에 그치고 있다.

우리나라의 굵직굵직한 공공기관들은 금융이나 건설 등 개발 분야의 공기업들인데 과거 개발 시대에는 생산과정에의 국가 개입이 어느 정도 필요했지만, 이제는 전기, 수도, 교통, 통신 등 국민의 필수재만 정부가 직접 쥐고 있으면 되고, 나머지 경제 분야는 놓아야 한다.

현재 공공기관에 종사하는 사람들의 일자리 안정을 합리적인 범위에서 인정하는 전제하에서, 전면적인 공공기관개혁을 시행해야 한다. 공공노조는 이 문제에 대해서 기득권이 되어서는 안 되고 개혁 진영으로서의 면모를 확실하게 보여줘야 한다.

소득주도성장을 비난하며 혁신성장을 부르짖는 보수진영도 최소한 이 문제에 대해 무언가를 보여주지 않으면 그동안의 소주성 비난은 반대를 위한 반대밖에 되지 않는다는 점을 명심해야 한다.

국민은 신의 직장 공기업이 누구를 위한 조직인지 묻고 있다. 공기업 조직이 비대화되고 잘못된 영역을 차지하여 나라의 혁신성장을 가로막고, 정작 국민에게 필요한 공공서비스는 형편없는데, 이 상황을 만든 보수 정부는 차치하고라도 개혁 정부와 공공기관 노조는 과연 할 일을 하고 있는가?

8장

교육격차,
지역 격차 줄이자

개혁 진영조차도 승자독식의 논리에서 빠져나오지 못하고 있다.

진보의 낭만적 이상주의와 보수의 탐욕이 합작하여 학종 수시를
만들고 확대함으로써 교육의 공정성과 사회의 역동성을 망가뜨렸다.
정시 비중을 이전으로 회복해야 하고, 소득장학금의 성적요건은
없애야 한다.

개혁 정부는 수십 년간 지역 차별로 인해서 산업화하지 못한
낙후 지역에 대해서 적극적 조치affirmative action를 취했어야 한다.
국고보조사업에서 100% 지방비 매칭은 역차별적이다.
최소한 기초연금과 기초생활보장에서의 지방비 매칭은 없애야 한다.

개혁 진영의 실패

국민이 개혁 진영에게 표를 주는 것은 부익부 빈익빈의 잘못된 예산 관행을 바꾸는 임무를 부여한 것이다. 그런데 개혁 진영은 왜 그것을 못하고 있는가?

개혁 진영조차도 승자독식의 논리에서 빠져나오지 못하고 있기 때문이다. 폭력적인 아버지를 욕하면서 닮는다는 것처럼, 오랜 독재와 승자독식의 정치는 개혁 진영조차 싸우는 데에만 신경을 집중하도록 만들었다. 싸우는 데 집중하느라 그 이후에 사회를 어떻게 바꿀 것인가에 대한 깊은 고민과 준비가 부족했다고 할 수 있다. 또한 수십 년간 탄압당하고 고생했던 것에 대한 보상 심리가 작동해서, 민주화가 되고 개혁 진영이 집권한 후, 전리품 획

득의 유혹에서 벗어나지 못하게 만든 측면도 있다고 본다.

애초에 개혁 진영에게 '전리품이 되어버린 예산'에 대한 문제의식 자체가 없었을 수도 있다. 적폐 청산에는 적극적인 태도로 성과를 거두면서도, 양극화와 불공정을 해결하는 데는 우왕좌왕하면서 거의 성과를 내지 못하고 있으니 말이다. 또한 예산에 대해서 분석할 능력을 갖춘 조직인 민주노총과 진보정당이 노사관계에 집중하느라 예산의 양극화 해소 역할에 소홀했을 수 있다. 우리나라 노조가 대기업 정규직을 중심으로 노조 조직률이 15%에 미치지 못하고, 서민층 대다수가 노조와 관계없는 비정규직 근로자나 영세자영업자인 점에서, 애초에 민주노총과 진보 진영이 서민층을 위해 예산을 바꾸고, 지역 양극화와 빈부 양극화, 자산 양극화와 세대 양극화의 문제해결에 전면적으로 나서기를 기대하는 것 자체가 허망한 기대였을 수 있다.

이렇듯 정부와 정치영역에서 양극화 해소를 추진해 갈 조직적 기반이 없는 상황에서 시민사회단체 중 일부가 열심히 싸워왔지만, 복지나 주거 빈곤, 지역 예산 등을 단편적으로 다루다 보니, 전체적으로 예산의 양극화를 해소하도록 하는 실질적인 성과를 거두지는 못했다.

낭만적 이상주의와
수시 학종

또 한편 개혁 진영의 '낭만적 이상주의'도 문제해결을 어렵게 만드는 데 한몫했다. 어찌 보면 '민주화' 이후 '양극화와 불공정 해소'를 '제2차 민주화'의 정확한 목표로 설정하지 못한 채 본질에서 비껴나 불필요한 이념적 논쟁에 휘말리고 엉뚱한 결과에 이르기도 했다.

수시 확대 과정에서도 그랬다. 교육의 다양성과 선발 방식의 다양성이라는 미국적 허구에 매달려서 학종 수시라는 금수저 전형을 만들었고, 진보의 낭만적 이상주의와 보수의 탐욕이 합작하여 교육의 공정성과 사회의 역동성을 망가뜨렸다. 수시가 전체 선발의 80%까지 차지해서 교육 사다리를 걷어차고 그것이 수시

채용과 채용 비리로 확대될 때까지도 그놈의 다양성 타령은 끝나지를 않고, 깔끔하게 책임을 인정하고 다시 복원하는 모습을 보이기는커녕 문제가 없는 것처럼 스스로 합리화하면서 문제해결을 어렵게 만들었다.

그 결과 보수 정부하에서 수시가 20%에서 80%로 확대된 것은 거침없이 순식간이었는데 개혁 정부에서 정시를 복원한 것은 22.7%에서 24.3%로 불과 1.6%P만을 회복했을 뿐이다. (참조 15)

학종 수시의 문제점을 해결한다는 명목으로 2007년 입학사정관제도를 도입했지만, 수시 비중이 너무 커서 사정 업무를 도저히 감당 못 하고 매우 형식적인 제도에 그치고 있다.

전체의 10% 범위에서, 수능 최저 등급조차도 배제된 순수한 의미의 수시 제도를 운용하면서, 입학사정관이 철저하게 조사해서 실질적인 수시 제도를 운용하도록 하고, 나머지는 수능과 내신으로 선발하는 정시 제도로 운영해야 한다.

우리나라와 같은 교육열 하에서 미국식 제도를 섣부르게 도입해서 교육을 망친 당사자들은 가열한 책임을 져야 마땅하다. 보수진영과 개혁 진영을 불문하고, 당사자들에게 끝까지 책임을

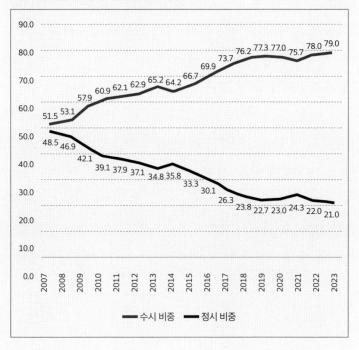

참조 15)

2007년 이후 수시, 정시 비중 변화 추이   단위: %

물어야 한다.

한 번의 수능으로 (인생이) 결정되는 문제점에 대해서는, 지금 3월, 6월, 9월 모의고사를 보듯, 10월, 11월, 12월에 3차례 수능시험의 기회를 주고, 그중 2차례의 표준화된 성적을 제출하도록 하면 될 것이다.

수능이 암기 위주라고 깎아내리는 사람도 있지만, 넓은 분야에 대해서 단시간에 암기하는 것이 평생의 지식자산이 된다. 거부감을 가질 이유가 별로 없다. 대신 과목을 좁히지 말고, 여러 과목에 대해서 많은 문제를 내면, 운보다는 평소 실력이 그대로 반영되는 결과가 될 수 있다.

앞으로 우리나라 대학들은 핀란드와 같이 산업대학 체제로 대부분 바뀌어야 한다. 세계 최악 수준의 '대학과 산업의 미스매치'로 인해 사회적 경제적인 낭비가 너무 심하다. 학생들의 취업 나이도 높고 가정의 교육비 부담도 늘리는 주범이라 할 수 있다. 이 불일치를 획기적으로 줄이기 위해서는 현실의 직업에 맞는 대학 체제로 개편해야 한다.

이렇게 산업대학으로 편제되면 입학하는 학생들의 나이도 다양화되고, 입학전형도 자유로워져야 한다. 산업대학의 입학방식은 수능 외의 다양한 능력과 경력을 반영하는 수시 제도가 되어야 한다.

하지만, 이렇게 산업대학으로 편제되기 이전의 일반대학 체제 하에서는 수능과 내신을 반영해서 가장 단순하고 가장 공정한 제도인 정시로 선발하되, 특별한 분야에 특별한 재주가 있는 학생에 대해서 10% 이내에서 수시 제도를 운용하면 족하다. 그 이상 수시 제도를 운용할 하등의 필요성이 없다.

반값 등록금 운동 당시에도 진보 진영의 이상적 낭만주의가 문제해결을 그르칠 뻔했다. 등록금 전액을 무상으로 할 수 있는 예산을 한꺼번에 마련하든지, 아니라면 예산 전액이 마련될 때까지 과도기적으로는 소득 차등적인 소득장학금을 지급해야 하는데, 당시 진보 진영에서는 보편적 복지라는 말에 이념적으로 매달려서 등록금을 일률적으로 반값으로 깎아주는 방식을 주장했었다. 다행히도 소득 차등적인 소득장학금 지급 정책이 채택되었으나, 진보 진영에서 이 정책을 내 자식으로 여기지 않고 방치한 결과 소득장학금의 지급 기준이 성적장학금 기준과 별다르지 않은, 비정상적인 제도 운용이 계속되고 있다.

국가장학금의 목적에 비추어 국가장학금 중에 소득과 관계없이 지급하는 성적장학금이 존치되고 있는 것은 부적절하다.

그런데 더 황당한 것은 성적장학금 기준이 B+인데, 소득장학금 지급 기준이 B−라는 것이다. 성적장학금에는 소득 기준이 없는데 왜 소득장학금에는 성적장학금 기준에 육박하는 성적 조

건을 붙이는가? 터무니없는 운영 방식이다.[30]

게다가 3분위까지는 등록금 액수 100%를 지급한다면서 그 실제 액수는 등록금 액수에서 한참 부족하다. 대학의 90% 이상이 사립이고 사립대학의 평균 등록금이 800만 원 정도인데 소득장학금 상한은 연간 570만 원(2024년 기준)에 불과하다. 결국 나머지를 아르바이트 등으로 벌어야 하는데, 아르바이트하면서 B 학점을 받으라는 것은 형편이 어려운 대학생들을 희망 고문으로 괴롭히는 것이라고밖에 할 수 없다.

12학점 이수라는 분명한 기준이 있으니, 성적 기준을 없애는 것이 마땅하고, 장학금 기준 액수도 등록금 액수에 맞추어 현실화해야 한다.

---

30 이 문제를 집중적으로 제기하자, 교육부는 기초생활보장 대상자만 2학기 동안 C 학점으로도 가능하도록 지극히 일부만을 바꿨을 뿐이다.

지역격차 외면하는
개혁 진영

지역 격차 문제만 해도 그렇다. 양극화의 상당 부분은 지역 격차다. 지역 격차는 지역 차별의 결과이기도 하고, 또 지역 격차가 지역 차별을 또다시 확대한다는 점에서 양극화 중에도 속히 해결해야 할 과제이다.

그런데 개혁 진영은 남녀 차별이나 장애인차별, 소수자차별에 대해서는 이념적 지향을 분명하게 하고 적극적 조치를 포함한 상당한 성과를 거두고 있음에도, 지역 차별과 빈부 차별, 세대차별 등 더 보편적인 차별 이슈에 대해서는 지극히 소극적이다. 이 문제에 적극 개입함으로써 다른 쪽에서 인심을 잃는 것을 꺼리면서, 패션 좌파적 이슈에만 매달리는 모습을 보인다.

개혁 정부와 진보 진영은 예산 배정에 있어서, 수십 년간 지역 차별로 인해서 산업화하지 못하고 인사와 예산에서 차별적으로 배제되었던 낙후 지역에 대해서 적극적 조치affirmative action를 취해야 함에도 그저 출신 지역이나 지역구의 예산을 챙기는 데 급급했고, 결과적으로 산업집중의 혜택을 받아 인구가 많고 국회의원이 많은 기발전 지역에 더 혜택이 돌아가게 되었다.

예산 배정에 있어서 출신 지역을 넘어서서 낙후 지역을 배려하는 것이 선거 전략상 어렵다면, 제도적으로 그나마 낙후 지역에 유리하다고 보이는 지방교부세를 늘려야 했고, 낙후 지역에 절대적으로 불리한 예산 매칭 제도를 축소 조정해야 했다.

OECD 국가는 평균적으로 중앙정부의 사업 중 50% 정도에 대해서만 지방정부가 매칭하도록 하는 데 비해서, 우리나라는 100%를 지방정부와 매칭한다. (참조 16)

기초연금과 기초생활보장 급여마저 지방정부와 매칭하니까 노인과 빈곤층이 많은 가난한 지자체일수록 재정이 더 소요되어 그나마 없는 돈 중에 쓸 돈이 더 없어진다. 게다가 가난한 지자체는 매칭할 돈이 없어서 중앙정부의 사업을 따오지 못하게 되는 부익부 빈익빈의 상황이 벌어지고 있다.

지자체의 도덕적 해이를 막기 위해서 매칭을 한다는 명분을

참조 16)

OECD 국가 중앙정부 특정 보조금 매칭 비중

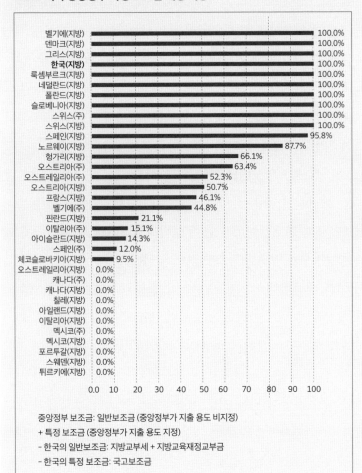

중앙정부 보조금: 일반보조금 (중앙정부가 지출 용도 비지정)

+ 특정 보조금 (중앙정부가 지출 용도 지정)

  - 한국의 일반보조금: 지방교부세 + 지방교육재정교부금

  - 한국의 특정 보조금: 국고보조금

내세우기도 한다. 하지만 기초연금과 기초생활보장 급여는 중앙정부에서 기준을 명확하게 정하고 있는데 관련 예산이 도덕적 해이와 무슨 관계가 있다는 것인지 도무지 모르겠다. 그런 식이라면 중앙정부 부처의 도덕적 해이를 막기 위해서 중앙정부도 사업예산을 받을 때 자체 경상비에서 매칭하도록 해야 맞을 것이다.

지방비와 매칭하는 국고보조사업을 획기적으로 줄여야 한다. 대신 지방교부세를 늘리면 지역 양극화도 줄일 수 있고, 지자체도 스스로 필요한 사업을 책임하에 시도해 볼 수 있게 된다. 우선은 '보편적인 기준에 의한 국민에 대한 현금 지급, 예를 들어 기초연금과 기초생활보장 급여'만이라도 지자체와 매칭하지 않고 중앙정부가 일괄 지급하도록 해야 한다.[31]

어떤 예산이든 부작용과 단점이 있을 수 있으나, 국고보조사업 지자체 매칭으로 인해 지금처럼 예산의 양극화 해소 효과가 최하위 수준인 것보다야 나을 것이다.

지역 간 세입 격차가 극심한 재산세와 소득세, 법인세가 지자체의 세입 기반이 되는 것도 바람직하지 못하다. 소득세와 법인세의 10%를 지방세로 주는 것을, 소비세인 부가세 일부로 대체

---

[31] 그런 점에서 코로나 재난지원금을 지자체와 매칭하도록 한 것은 부적절했다. 지자체는 지자체 사정에 따라 추가 지급할 수 있도록 하고, 중앙정부가 지급하는 것은 지자체 매칭 없이 지급해야 했다.

하는 것이 지역 격차 해소를 위해 바람직하다. 재산세의 일부인 종부세를 국세로 거두는 것에서 조금 더 나아가, 지역 간 격차가 너무나 극심한 재산세는 국세의 다른 항목과 맞바꾸는 것도 고려해야 한다. 외국의 예나 세금 본질상 재산세는 지방세라는 고정관념에 매일 필요가 없다. 재산세의 일부인 종부세도 국세로 걷지 않는가 말이다.

〈 지방분권과 지역 균형발전 〉

수십 년간의 보수 정부하에서 지역 격차는 심해졌지만, 개혁 정부하에서도 지역 격차는 더 심해지지 않았을 뿐 크게 완화되지는 못하였다. 그 중요한 계기는 노무현 정부에서부터 정부혁신 지방분권위원회 김병준 위원장 등을 중심으로 **지역 격차 해소**가 아닌 **지방분권**을 모토로 내세웠고, 지역 균형발전도 수도권과 지방간의 격차만 강조하던 것에서 비롯되었다.

정치적 의미의 지방분권은 지방자치라는 형태로 긍정적으로 나타났다. 하지만, 정치적 지방자치가 실현된 이후 재정적 지방분권을 강조하는 것은, 그간의 지역 불균형을 고착시키자는 주장에 불과하다. 이들 지방 분권론자는 지역간 격차를 완화하는 지방교부세를 늘리기보다, 소득세 법인세할 지방세를 늘리는 방식의 재정자주권을 주장하고 있는데 이것은 강남구가 독립하자는 주장과 같은 맥락에 있는 매우 보수적이고 위험한 주장이다.

9장

누가 할 것인가?

양극화 문제를 풀기 위해서 성공 신화 정치인을 내세웠지만
성공하지 못했다.
결국 지도층에 대한 미련을 버리고 합리적인 사람들이 나서서
전리품을 없애고, 양극화를 해결할 합리적인 방법을 함께
찾아내는 것이 답이다.

이익을 추구하려면 민간 영역으로 가라.
공공의 영역, 정부와 정치, 언론과 교육이 존재하는 이유는 민간에서
발생한 문제를 해결하기 위해서다.
공공영역에 똬리를 틀고 있는 사익추구자들을 몰아내야
사회가 유지된다.

문화적 강남좌파가 아닌, 경제적 강남좌파가 필요하다.

정책 실종 정치

우리 정치의 문제는 '싸움만 하고 일을 안 하는 것'이라기보다는 '국민을 위해서' 싸우지 않고 '패거리를 위해서' 싸우기 때문에 문제이고, 국민을 위해서 일을 하지 않고 전리품을 차지하기 위해서 일하기 때문에 문제다.

이기기 위한 정치를 하는 사람들에게 정책은 그리 중요하지 않다. 이기는 데 모든 역량과 에너지를 쏟아붓기 때문에 문제해결이나 정책 따위는 관심 사항이 아니다. 정부가 바뀌어도 정작 국민의 신산한 삶은 바뀌지 않고 양극화와 불공정도 크게 해결되지 않는 것도 이 때문이다.

물론 정치권은 너나 할 것 없이 이념과 정책을 내세운다. 전쟁에도 명분이 있어야 하기 때문이다. 하지만 이념이나 정책은 전쟁하는 데 필요한 딱 그만큼만 동원될 뿐이다. 이기고 나면 그뿐, 다음 전투에서 어떻게 이길지에 모든 역량을 집중한다.

승자독식 정치하에서 문제해결을 위해 서로 다른 관점에서 서로 다른 정책을 펼쳐놓고 토론하고 합의하는 광경을 보는 것은 사실상 불가능하다. 그런 광경이 때로 연출되기는 하지만, 그것은 그야말로 보여주기용일 뿐, 중요한 결정은 토론 과정이 아니라 뒤에서 이루어진다.

물론 사회적으로 크게 관심을 받게 된 이슈에 대해서는 일시적이고 제한적이나마 사회적 토론이 일어나고 문제해결에 도움이 되기도 한다. 하지만 공적 영역인 '정치와 정부와 언론'에 주권자인 국민이 당연하게 기대하는 정도의 토론과 합의의 문제해결 과정은 현실에서 전혀 일어나지 않고 있다.

정치 병리학

자수성가 정치인의
한계

우리나라에는 오랫동안 차별과 배제가 존재해 왔기 때문에 심리적인 중산층이 유독 많았다. 가난한 서민이라는 것이 개인적인 불편함과 어려움을 넘어서서 편견과 배제로 인한 자존감의 훼손과 유무형의 불이익을 받는 원인이 되었기 때문에 되도록 가난을 숨겨야 했고, 이렇듯 양극화의 피해당사자들이 숨어버리고 직접 나서지를 않으니, 양극화 문제의 심각성을 드러내고 그 해결책을 찾는 것도 어려웠다.

당사자가 직접 나설 수 있는 분위기가 되지 않으니, 국민은 가난을 딛고 성공한 정치인에게 희망을 걸었다. 가난했기 때문에 서민의 어려움을 알 것이고 그에게 권력을 주면 양극화 문제를 해결해 주리라 기대했다. 그래서 성공 신화 스토리를 가진 정치인에게 집착했다. 하지만 성공 신화를 가진 정치인들은 '자수성가의 함정'[32]에 빠져서 보수적이고 독단적이기 일쑤였다.

결국 양극화 문제를 풀기 위해서는 '합리적인 사회'를 지향하는 사람들이 나서서 '전리품'을 없애고, 문제를 해결할 '합리적인 방법'을 함께 찾아내는 것만이 답이라는 것이 이 책의 결론이다.

그 합리적인 사람들은 지금 어디에 있는가?

그저 조용히 살고 있다!! 약육강식과 승자독식의 논리에 결코 동의할 수 없지만, 거기에서 자유롭기도 어려우니 견디면서 살고 있다. 약육강식과 승자독식 논리에서 조금은 자유로운 곳에서 먹고 살 수 있으면 다행이고, 만약 그럴 수 없으면 합리적인 목소리를 내보다가 점점 아웃사이더로 밀려나거나 혹은 때려치우고 물러난다. 단지 밀려나기만 하는 것이 아니다. 비합리적인 세상을 견디느라 힘이 들고, 합리적인 목소리를 내다가 불이익을 당하는 것들이 지속되다 보면 화가 쌓여서 사회 전체에 잠재된

---

32 자수성가한 분들은 자신은 해냈다는 자신감이 과해서 다른 사람의 고충을 이해하지 못하는 함정에 빠지기 쉽다. 더 큰 문제는, 성공한 후 오히려 어려웠던 시절의 자신과 구별하기 위해 보수화되는 함정에 빠지기도 한다는 것이다.
대한민국이 최단 시간에 발전했으므로 대다수 사람이 과거에는 어려운 형편에 있었을 것이다. 그런데 유독 어려웠던 시절을 과하게 내세우는 정치인이 있다면 오히려 의심해 봐야 한다. 그런 정치인일수록 더 자수성가의 함정에 빠지는 것 같다.

분노가 부글부글한 불행한 사회가 되는 것이다.

아마도 합리적인 사람들이 숫자로는 다수를 차지할 것이다. 우리는 다른 나라를 먼저 침략해 본 적이 없는 평화 민족이라고 하므로 아마도 그럴 것이다. 그런데 승자독식의 전쟁 사회에서 합리적이라는 것은 '열성劣性'의 특징이 되어버렸다. 승자독식의 전쟁 사회에서는 누가 더 상대방을 죽이는 데 주저하지 않고 과 감한 방법을 쓰느냐가 승패를 가른다. 이런 사회에서 '합리성'은 쓸모없고 걸리적거리는 것이 된다. 그래서 승자독식의 정치문화 에서 문제의 합리적인 해결이라는 방법은 절대 작동하지 않는다.

우리나라에서는 '합리적'이라는 단어에 부정적 의미가 덧씌워져 있다. 정이 없고 이해관계를 분명하게 따지는 사람이라는 의미가 있다. 합리 적인 공존 사회를 거부하고 승자독식을 추종하는 자에게 씌워져야 할 언어적 의미가 거꾸로 합리적인 사람들에게 덧씌워져 있는 것이다.
또한 합리적이라는 의미와 비슷한 '중립적'이라는 단어도 어느 편에도 가담하지 않고 이해관계를 벗어나 합리적이라는 뜻보다는 비겁함이나 기회주의라는 뜻으로 읽히곤 한다.
이런 의미 왜곡은 승자독식의 전쟁 사회가 오래 계속되면서 생겨났을 것이다.

이익을 추구하려면
사적 영역에서

인간은 이기적인 동물이기 때문에 전쟁이 일어날 수밖에 없다. 그런데 전쟁이 인간 전체의 이익에 도움이 되지 않기 때문에 평화를 추구해 온 것이고, **공공**이라는 영역을 따로 만들어서 이 문제를 해결하도록 위임한 것이다. 적어도 '공공의 영역'은 이기심에서 비롯된 전쟁을 함께 공존하는 평화로 바꾸는 역할을 하고 있어야 한다.

이익 추구 전쟁에 뛰어들려면 정정당당하게 민간의 영역에서 해야 한다. 우리가 한결같이 정경유착과 관치금융을 금지하는 이유는, 공공의 영역이 민간의 이익 추구 전쟁으로 인한 결과를 조정하기는커녕 민간의 이익 추구 전쟁에 합세해서는 안 되기 때문이다. 공공의 영역에서는 국민을 위해서 싸우는 파이터들이 앞장서서 길을 열어주고, 그 공간에서 대다수의 합리적인 전문가들이 문제해결을 위해 머리를 맞대고 있어야 한다. 만약 이 원칙이 깨지면 사회가 뒤로 가는 것이고, 어렵더라도 이 원칙을 지키면 사회가 앞으로 가는 것이다.

자본주의 사회에서 개개인이 법의 테두리에서 자신의 이해관계를 추구하는 것은 당연하며 이것을 탓할 이유는 없다. 하지만 그것만으로는 사회가 유지되지 못한다. 개개인의 이익 추구 활동 과정에서 공정한 경쟁이 이루어지는지 감시하고 결과적 불균형의 상태를 바로잡아야만 사회가 건강하게 유지되는 것이고, 이것이 바로 공공영역이 담당해야 할 역할이자 존재 이유다.

말하자면 공공영역에서 국민의 세금을 받는 사람이 그 역할을 하지 못한다면 거기에 있어서는 안 되는 것이다. 공무원과 정치인, 언론인이 하나의 직업이 되어서 개개인과 마찬가지로 사익을 추구하고 있다면, 그 사회는 공공성이 무너진 사회로서 망(亡)테크를 타고 있다고 봐야 한다. 공과 사의 분별이 무너진 사회는 결코 번영할 수 없다.

공공의 영역에는 정부와 정치가 존재하며, 조금 더 확장하면 언론과 교육이 존재한다. 공공의 영역에 있는 고위 관료들과 정치인들, 언론인들은 민간 영역에서 발생하는 양극화와 불공정을 해소하기 위해서 실질적인 대책을 마련하고 실행해 가야 마땅하며, 그 일을 하지 않거나 못한다면 그 자리에 있어서는 안 된다.

공공의 영역이 합리적인 공존 사회를 만드는 데 성공하려면, 문제를 구체적으로 해결할 다양한 합리주의자들이 필요하다. 특히 능력 있고 합리적인 사람, 부자이지만 합리적인 사람들이 필요하다. 결정권자의 위치에서 문제해결의 능력과 경험을 발휘할 전문가들은 이미 사회에서 성공했을 가능성이 크다. 그 사람 중에서 공공영역에 헌신할 사람들이 꼭 필요하다.

인간이 생존하기 위해서는 환경이 바뀌었을 때 적응하기 위한 소수집단이 필요하다고 한다. 17%의 왼손잡이가 존재하는 이유라고도 한다. 지도층이나 부자 중에 17%의 마이너리티가 필요하다. 집값 상승의 비밀은 부자들이 가장 잘 알고 있다. 예산의 자세한 명세는 전문가들이 잘 알고 있다. 경제적 이슈 중에는 가진 자 중에서 문제를 제기하고 또 대책을 제시하지 않으면 해결되기 어려운 문제들이 있다.

그런데 우리나라의 강남좌파는 문화적 이슈나 환경 이슈, 남녀 차별, 소수자와 장애인차별 이슈, 나아가 동물 복지 이슈까지도 민감하지만, 경제 이슈에서의 약자들에 대해서는 관심조차 없다. 그래서 강남좌파는 가짜 좌파라는 인식이 퍼져있는 것이다.

불행히도 우리나라의 지도층은 선진사회에 이르기에는 형편 없이 공공성이 부족하다. 세계 최고 수준의 일반 국민이 집단지 성으로 공공성을 회복하고 양극화를 해소할 방법을 찾아낼 것 으로 믿는다. 하지만, 부자들과 지도층 중에서도 최소한 17%의 마이너리티가 그 존재를 드러내 주기를 바라 마지않는다.

10장

세 가지 제안

실용적이고 합리적인 문제해결을 추구하는 새로운 시민사회가 만들어지기를 고대한다.

새로운 시민사회는 과학자와 기술자들이 나서서 주도적인 역할을 해주면 좋겠다. 합리적 판단이 디폴트인 과학적 사고방식의 젊은이들이 힘 내주기를 기다리고 있다.

당분간 영남 대통령은 안 나오는 것이 바람직하다. 영남은 군사독재와 유신독재의 핵심이었고, 민주화된 이후에도 태극기부대와 일베, 깨시민, 개딸과 조국기부대 등 우리 정치를 망가뜨려 온 핵심에 경상도 대통령 만들기가 있다.

새로운 시민사회

　새로운 시작이 필요하다. 1987년 민주화운동이 궤도에 오른 이후, 물밑에서 각자의 분야에서 생활과 밀접한 운동을 해오던 사람들이 시민단체라는 틀에서 뭉치기 시작했다. '경제정의실천시민연합'과 '민주사회를 위한 변호사모임', '여성단체연합' 등이 만들어지고, 뒤이어 '참여연대'가 만들어졌다. 독재 타도를 위해서 헌신적인 운동을 하던 이들이 합리적인 사회를 만들기 위해서 시민단체를 만들어 부문 운동을 하기 시작한 것이다. 그렇게 시작된 시민사회 운동은 2~30년에 걸쳐 많은 성과를 내었다. 그런데 이 변화의 많은 부분은 정치를 통해서 입법화되어야 했기에, 참여했던 많은 사람이 결국 정치에 들어가거나 깊이 관여되기에 이르렀다.

나도 '민주사회를 위한 변호사모임'의 창립 멤버이고, '경실련'의 집행위원을 역임했으며, '여성단체연합'의 핵심 멤버로 활동했고, '참여연대'에서도 깊숙이 관여했다. 나 또한 2003년 참여정부의 '청와대 수석'과 '저출산고령사회위원회 민간위원장'을 역임하면서 사실상 정치에 참여했다는 평가를 받았고, 2016년에는 국회의원이 됨으로써 명실공히 정치에 참여했다. 정치참여를 하게 되면 시민사회의 진정성을 잃어버릴 수 있다며 우려하던 분들이 꽤 있었으나, 사회를 바꾸는 것이 더 급하다는 생각이었다. 또한 유럽의 정치가 제3지대와 긴밀한 관계를 맺는 것을 보면서 자연스러운 방향이 아니냐며 정당화하기도 했다.

돌이켜보면, 시민사회의 정치참여는 어쩔 수 없었거나 자연스러운 선택이었다는 생각이 든다. 하지만 또 한편으로 시민사회의 정치참여로 인해 지금처럼 정치가 완전히 망가진 상태에서 이것을 일으켜 세울 시민사회의 씨앗이 남아 있지 않다는 것은 참으로 불행하고 안타까운 일이 아닐 수 없다.

이제 이전의 시민사회는 제 할 일을 했고, 수명을 다했다고 본다. 아주 실용적이고 합리적인 문제해결을 추구하는 새로운 시민사회가 만들어지기를 고대한다. 새로운 시대의 새로운 과제를 해결할 수 있는 새로운 세대의 새로운 시민사회가 필요하다.

민주화 세대의 단점을 닮지 않은, 쿨하면서 능력 있고 세련된 새로운 움직임이 나타나기를 기대한다.

과학자,
기술자들이 나설 때

　새로운 시민사회는 과학자와 기술자들이 나서서 주도적인 역할을 해주면 좋겠다. 민주화된 사회가 더 성숙해지려면 수학적 사고가 필요하다.

　독재를 타도하고 민주화를 이루는 과정에서는 인문학적인 공부와, 의미를 찾고 추구하는 운동방식이 주효했다. 결단하고 헌신하는 것이 중요한 상황이었기 때문에, 합리적인 생각을 하고 미시적인 해법을 찾는 것은 자칫 기회주의자로 여겨지기도 했다.

　일제 강점기의 독립운동 역사가 4·19와 5·18 민주화운동으로 이어지면서 결단주의적인 성향을 더욱 강화했을 것이다. 지금 386 세대에 대해서 '거대 담론'에 사로잡혀서 문제해결 능력을 잃었다'라고 비판하지만, 수십 년간 저항운동을 해온 습성을 하루 아침에 바꾸기란 쉽지 않다는 점에서 386 세대의 부적응을 한편으로 이해할 수 있다.

이제는 시대가 달라졌고, 미션도 달라졌다. 저항운동과 거대 담론만으로 양극화와 불공정 문제를 해결하기란 거의 어렵다. 특히 신자유주의의 광풍 속에서 대한민국 전체의 이익을 챙기면서도 한편으로 내부적으로 단합을 이루어 낼 구체적인 방안을 찾아내는 것은, 숫자와 팩트에 기반한 정확한 문제 인식과, 이를 해결하기 위한 적확한 시스템 구축으로만 가능하게 되었다.

숫자와 팩트에 기반한 정확한 인식과 더불어 실용적인 접근이 필요하다. 선과 악의 대립 관계로만 접근하는 시각으로는 다양한 이해집단의 복잡한 문제를 풀어낼 수 없다. 아주 많은 정보를 수집해야 하고, 정부의 재정과 돌아가는 양상에 관해서 공부해야 한다. 또한 많은 숫자와 정책들 속에서 문제를 파악하고 해결책을 도출해야 한다. 사회현상을 매우 중립적으로 파악해야 하므로 감성적인 접근보다는 실용적인 접근이 필요하다.

모든 이해관계를 냉정하게 고려해서 해결책을 만들어내기 위해서는 소위, MBTI의 T인 성향의 사람들이 많이 필요하다.[33] "그래도 지구는 돈다"라는 갈릴레이 갈릴레오의 과학적 사고, 즉 "아닌 것은 아닌 것이다"라는 합리적 사고가 지금의 대한민국을 구할 수 있을 것이다.[34]

난 겁도 많고 이기적인 사람인데 어떻게 80년대 초반의 그 엄혹한 시절에 학생운동을 할 수 있었을까? 생각해 보면, "아닌 건 아닌 것이다."라는 정신이 강했던 것 같다. MBTI 검사에서는 F 성향이 강하게 드러나지만, 민주화운동을 하는 과정에서는 오히려 F 성향에 빠지지 않으려고 노력했던 것 같다. 사적인 관계에서는 공감하고, 공적인 관계에서는 철저하게 냉정하고 합리적인 근거에 따라 분노하고자 했다. 과학자는 아니지만, 합리적으로 생각했을 때 말이 안 되는 것을 못 참는 그 정신으로 민주화운동을 했기에, 좀 더 과격하게 대응하는 친구들과는 또 거리를 두었

---

33 MBTI (The Myers-Briggs-Type Indicator) 유형 지표는 관심의 방향에서 외향(E)과 내향(I)으로, 정보의 인식에서 감각(S)과 직관(N)으로, 판단의 방식에서 사고(T)와 감정(F)으로, 선호하는 생활 양식에서 판단(J)과 인식(P)으로 유형화한다.
이 중 T는 '문제해결'을 중심으로, F는 '공감'을 중심으로 행동하는 특성을 말한다. 독립운동이나 민주화운동에는 합리적인 판단보다는 현실에 대한 분노와 세상을 바꾸려는 열정 즉, F 성향이 더 필요했었을 것이다.

34 갈릴레오 갈릴레이가 실제로 종교재판을 끝내고 나오면서 "그래도 지구는 돈다"라는 말을 하지는 않았다고 한다. 하지만, 그는 평생 기존의 고정관념에 대항하여 실험으로 증명하고자 노력한 진정한 과학자였음이 분명하다.
흥미롭게도, 갈릴레오 갈릴레이의 아버지는 바로크식 기타인 류트의 연주자이자 작곡과 음악이론으로 업적을 남긴 유명한 클래식 음악가였다.

다. 사회에 나와서도 또 지금까지도, 불합리한 것은 고쳐야 직성이 풀리는 '아닌 것은 아닌 것이다.' 정신이 아직도 남아 있기에, 애물단지 정치에 대한 미련을 버리지 못하고 이 책을 쓰고 있는 것일 게다.

또한 그래서 "~인 건 인 거고 아닌 것은 아닌 것이다."가 기본으로 장착된, 합리적 판단이 디폴트인 과학적 사고방식의 젊은이들이 힘 내주기를 기다리고 있다. 대한민국 젊은이들은 세계 어느 나라의 젊은이들보다도 컴퓨터와 휴대전화에 익숙하다. 그만큼 많은 정보에 접근할 수 있고, 과학적이고 실용적인 태도를 가지고 있다고 생각한다. 이들은 현재가 불투명하고 세계 최강의 경쟁사회에 적응하느라 개인주의적인 경향을 지니고 있다고 하는데, 실용적이고 개인주의적인 경향에서 조금만 더 적극적으로 나아가면, 문제해결을 위한 집단지성을 모으는 쪽으로 발전할 수 있다고 본다. 문제 해결책을 공유하는 것을 정보를 공유하는 방식으로 접근한다면 큰 부담 없이 새로운 시민 운동의 사회적 확산을 이루어 낼 수 있을 것이다.

끝끝내 과학적이고 합리적이고 실용적인 입장과 태도를 고수할 수만 있다면, 양극화와 불공정을 해결하는 한 걸음 한 걸음을 분명 내디딜 수 있을 것이다.

지역 독식은
이제 그만

또 한 가지의 고언은, 당분간 영남 대통령은 안 나오는 것이 바람직하다는 것이다. 영남은 군사독재와 유신독재의 핵심이었고, 민주화된 이후에도 태극기부대와 일베, 깨시민, 개딸과 조국기부대 등 우리 정치를 망가뜨려 온 핵심에 경상도 대통령 만들기가 있다.

박정희 이후 10명의 대통령(8개월간의 최규하는 제외) 중에서 무려 8명의 대통령이 영남 출신이고, 박정희가 16년(1963.12~1979.12), 전두환이 8년(1980.9~1988.2) 집권했으므로 집권 기간으로 계산하면 1963년부터 지금까지의 62년 중 54년 동안 영남 출신 대통령이었다. 특히 노무현 대통령 이후 여당도 야당도 경상도 대통령

정치 병리학

으로 가는 현상은 누가 봐도 부자연스럽고 바람직하지 못하다.[35]

노무현 대통령은 호남이 적극적으로 세운 영호남통합형 대통령이라는 의미가 있었지만, 그 후 민주당의 영남 대통령이나 후보들은 전통적인 민주당 지지층의 핵심인 호남과 호남 출신, 나아가 개혁적이고 합리적인 국민에게 이전의 민주당 정치인들이 가져왔던 신뢰를 받지 못하고 있다. 그럼에도 정치자금 덩어리를 만들어서 그것으로 왜곡된 팬덤 정치를 통해 당을 장악하는 방식으로 영남 대통령 만들기 정치가 계속되는 것은 대한민국의 국격을 떨어뜨리는 일이다.

그런 의미에서 최소한 당분간은 지역 독식을 멈추는 것을 목표로 하는 것이 망가진 정치를 회복하는 효과적인 방법이라고 본다. 그것이 권력정치에서 합리적인 정치로 가는 길이 될 수 있다.

---

[35] 영남에 있는 민주당 계열 정치인들은 군사독재 시절 야당 불모지에서 고생했던 이야기를 하면서 그에 대한 보상이나 정치 지형 넓히기를 위해서 민주당이 영남에 대통령 후보를 양보해야 한다는 취지로 이야기한다. 하지만 이것은 386 학생회장 출신들이 386 세대의 헌신을 대표하는 것처럼 생각하는 것만큼이나 어리석은 발상이다.

공장의 일자리를 따라 영남에 간 호남 출신 (영남 인구의 10~15%를 차지)이 수십 년간 얼마나 고생했는지는 눈물 없이 들을 수 없는 이야기가 많다. 그분들이 영남의 민주당 계열 정치인들을 헌신적으로 지지했다. 전국의 호남인들 전체가 수십 년간 당한 수모와 불이익을 뛰어넘어, 또한 이미 민주당에서 2명의 영남 대통령을 배출했는데도, 영남 정치인들이 야당 정치하기 어려웠다는 것을 내세우는 것은 지나치게 과하다.

영남 인구가 많아서 정치 지형을 넓히기 위해서 영남 대통령 후보여야 한다는 이유도, 수도권에 호남 충청 출신 비율이 훨씬 높다는 점에 비추어 타당한 이유가 되지 못한다.

나는 전북 출신이고, 광주 출신 친구들도 많다. 남편은 대구 출신이다. 남편의 집안은 충청도이다. 가까운 인척 중 황해도 출신도 있다. 나는 노무현 청와대 수석 보좌관을 하면서 부산에서 갓 올라온 부산팀들과 직접 부딪혔다. 그러다 보니, 지방마다의 고유한 특성과 문화들, 그 차이점들을 파악하게 되었다.

지극히 개인적인 의견일 것이지만 내가 생각하는 각 지역의 특성은 이렇다. 충청도는 나라의 한복판에 위치하여 삼국시대 이래 주인이 자주 바뀌었다. 이런 조건에서 생존하려면 정보수집이 최대의 관건이다. 그리고 섣불리 자신의 의견을 표현하지 않아야 생존에 유리하다. 그래서 충청도 사람들은 온갖 정보를 수집하는 데 능하다. 정보사회인 현대사회에서 매우 유리한 조건이다. 그리고 그 정보를 바탕으로 해서 자기 입장은 뒤에서 밝히고, 겉으로는 잘 드러내지 않는다. 말하자면 밀당의 고수인 셈이다. 이 또한 실용주의로 연결되어 현대사회에 적합하다. 영남 출신들은 추진력이 강하다. 좌고우면하지 않는 직진 스타일이다. 신라 내물왕 때 일군의 흉노 후예들이 권력을 잡고 왕권을 확립했다고 전해지는데, 흉노족은 한때 유럽을 정복하기도 한 훈족과 연관성이 있을 것으로 추측되고 있다.(다양한 학설이 있음) 정복 욕구와 권력욕이 강하고, 전쟁에 능하다. 경쟁이 치열한 신자유주의 시대에 적합하다. 황해도 출신들은 거래에 능하다. 개성 상인들의 후예로서 실용주의를 장착하고 있다.

정치 병리학

호남 출신들은 문화에 강하다. 고려, 조선, 일제 강점기에 이르기까지 천년 간의 황해 시대에 곡창을 가진 여유를 바탕으로 문화의 중심이었다. 판소리와 국악의 원산지이기도 하고, 케이팝의 조상이라고 여겨지는 김민기, 박진영, 방시혁이 모두 전북 출신이다. 또한 동학과 의병, 5·18 등 저항정신과 민주화의 고장이기도 하다.

각각의 장점 위주로 나열하였지만, 그에 따르는 단점들도 함께 가지고 있다. 대한민국이 단기간에 경제, 문화 등에서 세계에 우뚝 서게 된 것은, 충청도의 정보력, 경상도의 추진력, 이북 출신의 상인 정신, 호남의 문화와 민주화 정신, 강원과 제주의 포용력 등이 함께 잘 어우러져 시너지를 냈기 때문이라고 생각한다.

호남이 수십 년간의 독재정권하에서 탄압과 차별을 받아서 경제적으로 제일 낙후되었지만, 대한민국의 경제발전에 호남이 이바지한 바가 적지 않다. 삼성과 현대가 아시아에서 경쟁력을 갖게 된 것에는 한류가 있다. 또한 우리 기업들이 선진 유럽을 뚫을 때, 우리나라가 민주화되어 있지 않았다면 불가능했을 수 있다.

각 지역의 특성들이 우리나라 발전에 함께 이바지했고, 따라서 공존해야 한다. 더 이상 한쪽의 일방적인 지배는 가능하지도, 바람직하지도 않다.

아직 대통령에게 권한이 집중된 나라에서 한 지역에서 대통령을 계속 가져가는 것은 대한민국의 이미지에도 좋을 것이 없다. 각 지역 출신국민의 숫자가 엇비슷하고,[36] (참조 17) 인구 절반이 수도권에 얽혀서 살고 있는데, 한 지역 출신이 독주하는 모양새를 보이는 것도 좋지 않다.

이미 영호남 충청을 가르는 것은 큰 의미가 없을 수도 있다. 이미 수도권 공화국이 된 지 오래이기 때문이다. 하지만, 수도권에 모여 사는 각 지역 출신이 출신 지역의 특성을 여전히 간직하고 산다. 또한 그런 특성들을 잘 간직하고 보완하고 서로 자극을 받으면서 시너지를 계속 낼 때 대한민국은 더 발전한다. 서로의 차이를 인정하고, 독주하지 않는 태도가 필요하다. 그런 의미에서 최소한 대통령만은, 최소한 당분간은, 영남 출신들이 스스로 자제하고 국민도 현명한 선택을 해야 할 때라고 본다.

---

36 공업화되기 이전 1960년대의 영남인구는 32.4%, 호남인구는 23.8%, 충청인구는 15.6%였다. 공업화 이후 호남인구의 3분의 2, 충청인구의 3분의 1, 영남인구의 3분의 1이 타 지역, 특히 수도권으로 이동하여 수도권공화국이 되었으나, 원래의 인구 비중은 각 지역에 비교적 골고루 퍼져 있었다.

1960년 이후 권역별 인구 비중 변화 추이

단위: %

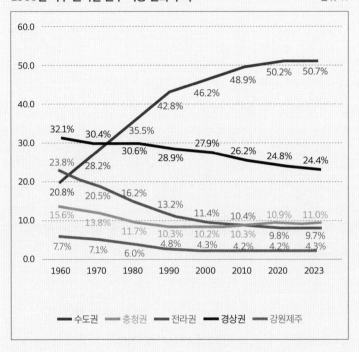

세계 최고 수준의 국민이 세계 최저 수준의 지도층에게 전리품을
맡겨둘 아무런 이유가 없다.

소득재분배를 개개인의 선의에 기대면 지속가능성이 떨어진다.
사회시스템에 의해서, 즉 조세와 재정지출, 정부의 작용으로
이루어져야 한다.

합리적인 사람들이, 더 이상 무기력하지 않고 끈질기게 들러붙어서
승자독식 카르텔을 무너뜨리는 모습을 상상해 본다.

정치 병리학

나는 어렸을 때의 강력하고 구체적인 기억과 경험 때문에 내 인생의 중요목표를 양극화 해소로 삼고 살아왔다.

우리 집은 군산 시내에 있었고, 사립학교에 다니면서 그 유명한 히로쓰 가옥에 살던 친구를 포함해서 부유한 친구들과 학교에 다녔다. 방학이 되면 군산공항 근처 바닷가에서 과수원을 하던 외갓집에 가서 지내곤 했는데, 고개 넘어 소작인 촌에 사는 가난한 친구들과 방학 내내 어울려 다녔다. 내가 본 빈부격차의 실상은 이랬다. '사람에게는 차이가 없다, 다만 그들이 쓰는 물건의 효용성에는 엄청난 차이가 있다.'라는 것이었다. 부자 친구에게는 고급 연필과 맛있는 과자가 별 만족을 주지 못하지만, 그것을 가난한 친구에게 주면 엄청난 만족을 줄 것이라는 생각을 많이 했다. 대학에 가서 그것이 **한계효용체감의 법칙**과 **한계효용균등의 법칙**[37]이라는 것을 알았다. 말하자면 부자일수록 추가로 더 갖게 되는 돈의 효용이 떨어지고, 사회구성원의 부의 정도가 비슷할수록 사회 전체의 효용과 만족이 제일 커진다는 법칙이다. 선진국들이 소득재분배를 열심히 하는 것이 소비의 총량도 높이고 만족의 총량도 높이는 매우 합리적인 선택이라는 것이다.

소득재분배는 감성적으로 불쌍하다고 생각해서 할 것만도 아니고, 종교나 신념에 의해서 가난한 자에게 베풀어야 한다는 소명으로 할 것만도 아니다. 감성은 수시로 변하기 마련이고 내가 너에게 이렇게 베풀었는데…하는 후회가 따르기 마련이다. 인간은 그리 훌륭하지 않다. 인간의 선의는 화수분이 아니어서 금세 보상 심리가 작동한다. 그래서 개인의 도덕심과 의협심에 지나치게 기대는 사회는 불안정한 사회이기 십상이다. 종교 또한 날이 갈수록 보수화하는 기독교를 보면서 그다지 기댈 만한 언덕이 아니라는 생각이 든다.

---

37 한계효용체감의 법칙은 어떤 재화의 소비를 늘릴수록 그 재화로부터 추가로 얻는 만족감, 즉 한계효용(Marginal Utility)이 점점 줄어드는 현상을 의미한다.
한계효용균등의 법칙은 한정된 자원으로 재화를 살 때 얻는 효용을 극대화하려면, 그 재화로 얻을 수 있는 한계효용이 같아야 한다는 법칙이다. 이것을 한 사회에 적용하면, 소득이 높을수록 같은 액수의 재화 한계효용이 낮으므로 소득재분배율이 높을수록, 사회 전체의 총효용은 높아진다고 해석된다.

다만 한 가지, 이것이 서로에게 낫다는 **합리적인 생각과 판단**, 그리고 그것을 **제도화**해서 다 같이 따르는 것, 그것만이 사람들이 함께 나누는 것에 대해 수긍하고 지속해서 작동할 방법이 된다고 본다. 소득재분배를 개개인의 선의에 기대어 하게 되면 지속가능성도 적고 안정성이 떨어진다. 사회시스템에 의해서, 즉 조세와 재정지출, 정부의 작용으로 복지정책과 경제정책에 의해서 소득재분배가 이루어지는 것이 모두가 불필요한 에너지 소비를 줄이고 자기 일에, 자기 행복에 집중하는 방법이 될 것이다. 합리적으로 생각할 때 그런 결론에 이른다.

더구나 '소비'를 늘려야만 경제발전이 가능한 '뉴노멀'의 시대에 소득재분배는 선택이 아닌 필수가 되었으니 더더욱 그러하다.

이것이 가능하게 하려면 공공의 영역을 바로 세워야 한다. 조세와 재정지출이 본연의 역할을 할 수 있도록, 소득재분배를 통한 소비증진과 사회통합의 역할을 해서 삶의 평화를 가져올 수 있도록 지혜를 모아야 하지 않을까? 다른 사邪가 끼어들지 않고 또 사사私事로운 이익이 끼어들지 않는 공론의 장이 열려야 한다. 오로지 **합리적**이라는 목표에 천착해서, 말이 되고, 불리하더라도 수긍할 수 있는, 그런 결론에 이르기 위한 장이 열려서 숨어있는 현자들이 모습을 드러내 주면 좋겠다. 그들이 견결한 말들을 보태주면 좋겠다.

'무엇이든 물어보살'이라는 TV 예능프로그램이 있다. 농구선수로 세상을 호령하다가 돌싱이 되어 혼자 사는 서장훈이 사람들의 고민을 듣고 답을 해준다. 때로 가차 없이 지적하기도 하고 거침없이 방향을 제시해 주기도 한다. 저분이 어떤 경험을 통해서 저렇게 고민 상담을 해주는 것이지? 갸웃하면서도 고개를 끄덕이게 되는 것은, '합리적'이라는 틀을 견고하게 지켜내기 때문이다. 그럴듯한 외모나 말솜씨, 임팩트 있는 내용이나 유행을 잘 타는 것 등등은 사람을 솔깃하게 할지는 몰라도, 시청률이나 지지율을 반짝 올릴 수 있을지 몰라도, 우리의 곤고한 삶의 문제해결에 별 도움이 되지 않는다. 우리 사회를 단 한 치도 나아가게 할 수 없다.

지금 초라해 보이고 어설퍼 보이고 지루하고 어려워 보여도 결국 살 만한 사회를 만드는 것은 합리적인 결론과 과정에 천착하는 수많은 사람의 무수한 노력이 지치지 않고 누적되는 것에서만 가능하다.

지금 우리 사회는 외부요인에 의해서 평화가 침탈당하는 것보다 오히려 내부요인에 의해서 평화가 깨뜨려 지고 있다. 우리는 남북 평화를 합리적으로 관리하기 위해 노력하고 있지만, 우리 내부의 평화로운 공존을 위한 노력은 거의 없다고 해도 과언이 아니다. 합리적으로 문제가 해결되기를 바라는 다수의 사람이 움직일 수 있는 공간은 찾아보기 힘들다. 대다수의 합리적인 사람들은 침묵하거나 혹은 애써보지만 절망하고, 그렇게 전쟁 중의 생존에 집중하고 있는 사이에 사회의 합리적인 목소리는 점점 사그라들고, 힘으로 제압하려는 쪽과 밀리지 않으려고 목소리를 높이는 쪽의 전쟁 서사만 난무한다.

나는 합리적인 사람들이 사회 중심을 단단히 잡은 사회를 꿈꾼다. 약육강식의 전쟁 논리가 횡행하는 속에서, 평화를 갈구하지만, 무력하게 무너지고 마는 순진하고 합리적인 사람들이 더이상 무기력하지 않고 끈질기게 들러붙어서 승자독식 카르텔을 무너뜨리는 모습을 상상해 본다.

직업과 관계없이, 빈부와 관계없이, 지역과 관계없이, 성별과 관계없이, 나이와 관계없이, 이념과 관계없이 합리적인 사회를 꿈꾸는 사람들이 합리성을 무기로 힘을 모았으면 좋겠다. 함께 힘을 모은다면, 합리적인 선을 넘는 사람들을 제어하고, 공정한 경쟁을 깨뜨리는 사람을 제압하고, 나아가 극심한 경쟁으로 인한 양극화를 공공의 영역에서 적절하게 해소하도록 방안을 낼 수 있을 것이다.

함께 공존하는 합리적인 사회 안에서 서로 뽐내고 서로 격려하는 사회, 그래서 누구라도 노력하면 성공할 수 있는 역동성이 살아나고, 평화로운 분위기에서 행복지수가 올라가는 그런 사회를 만드는 꿈을 꾼다. '말이 되는 소리'를 하는 사람들이 만들어 가는 '말이 되는 사회'에서 적어도 '말이 되지 않는 소리'로 인해 스트레스를 받지 않고 에너지를 긍정적인 데 사용하면서 살아가는 사회에서 살고 싶다.

방탄소년단을 탄생시킨 방시혁 씨는 방탄소년단이 세계적으로 성공한 후 모교 졸업식 축사에서 "분노의 힘으로 여기까지 달려왔다."라고 했다. "상식에 기초한 꿈을 키우고, 부조리와 몰상식에 맞서 싸워 사회를 변화시키길 바란다."라고도 했다. 그 분노가 국내 대중음악 시장의 폐쇄성에 대한 분노인지, 우리 사회에 만연하고 있는 차별과 배제와 소외에 대한 분노인지, 아니면 또 다른 차원에서의 분노인지 알 수는 없지만, 방탄소년단이 자기의 실력으로 무장하여 세계를 상대로 위로와 희망의 메시지를 보내는 것을 보면, 그 분노가 우리 사회의 근원적인 문제와 그 해결에 맞닿아 있을 것이라는 짐작을 하게 한다.

스스로 합리적인 사람이라고 생각하는 사람들이 더 분발했으면 좋겠다. **세계 최고 수준의 국민이 세계 최저 수준의 지도층에게 전리품을 맡겨둘 아무런 이유가 없다.**

정치 병리학

정치 병리학

초판 1쇄 인쇄 2025년 3월 2일
초판 1쇄 발행 2025년 3월 8일

지은이 박주현
발행인 전익균

이사 정정오, 윤종옥, 김기충
기획 조양제
편집 김혜선, 전민서, 백연서
디자인 페이지제로
관리 이지현, 김영진
마케팅 (주)새빛컴즈
유통 새빛북스

펴낸곳 도서출판 새빛
전화 (02) 2203-1996, (031) 427-4399 **팩스** (050) 4328-4393
출판문의 및 원고투고 이메일 svcoms@naver.com
등록번호 제215-92-61832호 **등록일자** 2010. 7. 12

값 18,500원
ISBN 979-11-91517-94-1 03340